CONVERSACIONES CON EL DALAI LAMA

Traducido del inglés y adaptado al castellano por
Luca Bono e Isidro Gordi

Ediciones Amara

Título original: *The Bodh Gaya Interviews*
Por Cortesía de Snow Lion Publications, 1999
Ithaca. Nueva York

Publicado por vez primera en 1999
por Ediciones Amara
1988 © Por José Cabezón
1999 © Por Ediciones Amara

Traducción y adaptación: © 1999 Luca Bono e Isidro Gordi

Diseño de la portada: © Federica Mahieu

Maquetación: © FEHERO

Impreso en España/ Printed in Spain

ISBN de la obra: 84-95094-02-9 / 978-84-95094-02-5
Depósito Legal: B.15.054-1999

Contenido

no es la persona?; La actitud de un discípulo hacia el Gurú; Eficacia de las técnicas de la meditación tántrica; Relacionarse con la familia y los amigos no budistas; Flexibilidad en tomar los preceptos; La práctica del Dharma en la sociedad y los retiros; La naturaleza de la consciencia; Las deidades protectoras.

PÁGINA 69

LA QUINTA ENTREVISTA. La devoción al Gurú; Los tres tipos de sufrimiento; Beneficios de ordenarse monje; La vacuidad en las escuelas de budismo tibetano; Mejorar la práctica de vipasana; Investigar la naturaleza de la mente; Significado de la iniciación de Kalachakra; Tipos de deidades protectoras; Occidentales de visita en el Tíbet; Karma y pobreza; Carencia de consciencia pública en relación a la situación en el Tíbet; Cabeza del linaje; Los nativos americanos comparados con los tibetanos; Bodh Gaya.

De todos los lugares sagrados para los budistas, Bodh Gaya es, quizás, el más importante. No es más que una aldea en las afueras de Gaya, una de las mayores ciudades del estado de Bihar (norte de la India), pero ha atraído a peregrinos budistas durante siglos. A lo largo de los últimos años Su Santidad el Dalai Lama reside varios días de Enero y Febrero en Bodh Gaya. En esta época, budistas de todo el mundo se reúnen para escuchar sus enseñanzas y compartir unos días de oración y meditación. Especialmente para los budistas tibetanos del exilio, para los miles que vienen del Tíbet, y para los budistas de la India de las zonas fronterizas de Ladakh, Kunu, Arunachal Pradesh y otros, es una oportunidad no sólo de peregrinar al lugar de la Iluminación del Buda, rezar y postrarse bajo el árbol Bodhi, circunvalar el templo central, sino también para implicarse en estas prácticas durante la visita del Dalai Lama, que para ellos es una fuente de inspiración y la personificación activa de los principios budistas.

Para los budistas occidentales, el invierno en Bodh Gaya, es tiempo de regocijo, de encuentro con viejos amigos y especialmente para la práctica del desarrollo mental. Varios cursos de meditación se llevan a cabo en esta época y normalmente hay traducciones disponibles para los que desean atender las enseñanzas de Su Santidad. Además, desde 1981, Su Santidad ha concedido entrevistas anuales a grupos de occidentales.

En ocasiones dichas entrevistas fueron concedidas a diferentes grupos al final de un retiro de meditación y dedicadas únicamente a los que participaban en él (tal y como es el caso de la entrevista del 1982 de esta colección). La mayoría de reuniones, sin embargo, eran abiertas al público en general y se celebraron casi exclusivamente en el Templo Tibetano de Bodh Gaya. Al ser un diálogo espontáneo las entrevistas variaron en carácter y contenido de año en año. Aun así compartían una cualidad común, en los temas tratados y en reflejar preocupaciones actuales de los participantes, tanto budistas como no budistas. Las preguntas que se produjeron sacan a la luz problemas con los que todos nos enfrentamos hoy en día. El abanico de temas es vasto. Encontramos discusiones filosóficas relativas a la vacuidad, preguntas relativas al papel de los monjes y monjas en el mundo hoy, debates relativos a las partículas físicas, preguntas relativas a la política, la psicología y el tantra. En resumen, en estas páginas encontramos un amplio abanico de inquietudes religiosas y laicas.

Yo estuve presente en la primera entrevista (1981) y fui el traductor de la cuarta (1984). He atestiguado a través de los años, la singularidad de estas ocasiones y por lo tanto, cuando en 1984 me pidieron que publicara la entrevista de aquel año me di cuenta de lo valioso que sería compilar todas las entrevistas de Bodh Gaya en un solo volumen. Para este fin he escuchado las cintas de todas las entrevistas, he revisado todas las partes en las que Su Santidad habló en tibetano para asegurar la precisión y evitar aquellas omisiones propias de la traducción espontánea. Por supuesto, él revisó el texto entero. Sin embargo, para preservar el aroma original de los diálogos he intentado corregir lo menos posible.

Agradezco en primer lugar y de manera especial a Su Santidad el Dalai Lama por darnos la oportunidad de presentar nuestras preguntas y dudas de una manera fácil de discutir. También al Dr. Alex Berzin y al profesor Jefrey Hopkins que actuaron como traductores en las entrevistas del 1981, 1982 y 1985 respectivamente. También debo agradecer a la señorita Joyce Murdoch, por facilitar enormemente mi trabajo al prestarme amablemente sus copias de las entrevistas grabadas. Por último, al Venerable Thubten Pemo y a la señorita Sheila Kim por mecanografiar las versiones iniciales del texto.

Espero que este corto trabajo traiga al lector el aroma de los días de invierno en Bodh Gaya, un tiempo muy especial en un lugar muy especial…un tiempo de días pasados bajo el cálido sol escuchando las palabras de Su Santidad y de noches bajo el brillo de las miles de velas que los devotos budistas ofrecen en el templo central. No hay mayor nostalgia que la producida por aquellos días de santidad.

Que este trabajo ayude a los seres a romper las barreras que los separan. Que aumente la compasión y el conocimiento en todo el mundo.

José Ignacio Cabezón

Su santidad: bienvenidos, me siento muy feliz de encontrarme aquí con vosotros y aparte de que estoy preparado para contestar vuestras preguntas, no tengo nada más que decir.

Pregunta: ¿ve usted alguna posibilidad de integración en occidente entre el cristianismo y el budismo? Una especie de religión global para la sociedad occidental.

Su Santidad: esto depende de lo que entiendas por integración. Si con esto quieres decir que existe la posibilidad de integrar el budismo y el cristianismo en una sociedad, donde coexistan juntos, entonces mi respuesta es afirmativa. Sin embargo, si tu enfoque de integración concibe a toda una sociedad siguiendo alguna forma de religión mixta que no sea ni budismo ni Cristianismo puro, entonces considero esta forma de integración bastante inverosímil.

Por supuesto, es realmente posible que un país sea predominantemente cristiano, y que alguna gente de aquel país elija el practicar la religión budista. Creo que es posible el que una persona que tenga base cristiana, que acepta la idea de Dios, que cree en Dios, pueda al mismo tiempo incorporar ciertas ideas y técnicas budistas en su práctica. Las enseñanzas de amor compasión y bondad están expuestas tanto en el cristianismo como en el budismo. Particularmente en el vehículo del bodhisatva hay muchas técnicas enfocadas hacia el desarrollo de la compasión, la bondad, etc. Estas son cosas que pueden ser practicadas por cristianos y budistas. Aunque una persona sea cristiana, es muy posible que pueda elegir el experimentar la practica de la meditación o concentración y el enfoque de la mente en un objeto. Mientras sigue siendo cristiano, puede practicar algunas ideas budistas. Esta es otra forma posible de integración muy viable.

PREGUNTA: ¿Hay algún conflicto entre las enseñanzas budistas y la idea de un Dios creador que exista independientemente de nosotros?

SU SANTIDAD: Si consideramos las religiones universales desde un punto de vista lo más amplio posible y examinamos su objetivo último, encontramos que todas las religiones, ya sea el cristianismo, el Islamismo, el Hinduismo o budismo, están dirigidas hacia la realización definitiva de la felicidad humana. Todas van encaminadas hacia este fin. De hecho, todas las religiones ponen énfasis en que el verdadero discípulo debe ser bondadoso y honesto, en otras palabras, la persona que es verdaderamente religiosa siempre debe intentar actuar como un buen ser humano. Para alcanzar este fin, las distintas doctrinas del mundo enseñan diferentes técnicas que puedan ayudar a la persona a cambiar. En este sentido no existe conflicto, todas las religiones son iguales. Esto es algo que debemos enfatizar. Considerando desde este punto de vista la cuestión de la diversidad religiosa, no encontramos ningún conflicto. Ahora bien, desde el punto de vista filosófico, la teoría de un Dios creador, todopoderoso, y permanente está en contradicción con las enseñanzas budistas. En este punto sí existen discrepancias. Para los budistas, el universo no tiene una causa primera y por lo tanto, ningún creador. Ni puede existir una cosa tal como un ser permanente, primordialmente puro. De este modo, es evidente, que existe un conflicto doctrinal. Los puntos de vista de unos y otros son opuestos. Pero si consideramos el propósito de las distintas filosofías, entonces vemos que son los mismos.

Distintas clases de comida tienen diferentes sabores; una puede ser muy fuerte, otra muy ácida, y otra muy dulce. Cuando hay sabores distintos, entonces existe conflicto. Pero, que un plato sea confeccionado con un sabor dulce, ácido o fuerte, es preparado de esta forma para que tenga buen sabor. Alguna gente prefiere la comida muy picante, sazonada con mucha pimienta. Muchos indios y tibetanos tienen preferencia por tales comidas. Otras son comidas con un sabor muy suave. El que haya gran variedad es algo maravilloso. Esto es algo personal y una expresión de la individualidad.

Del mismo modo, la variedad de las distintas filosofías religiosas es algo muy precioso y útil. Para alguna gente, la idea de un Dios creador y que todo depende de su voluntad puede ser beneficiosa y tranquilizante, así que para esta persona dicha doctrina es útil. Para otros, la idea básica de que no existe un creador y que uno mismo es el propio creador, y por lo tanto todo depende de uno, es más apropiada. Para cierta gente, puede ser un método de crecimiento espiritual más efectivo, posiblemente más beneficioso. Para tales personas, esta idea es mejor y para otro tipo de personas, la otra idea es la más viable. Como veis, creo que no existe conflicto ni problema.

Ahora bien, los conflictos entre las doctrinas no es algo desconocido incluso dentro del budismo. Los madhyamika y chitamatra, dos escuelas filosóficas budistas, aceptan la teoría de la vacuidad. Los vaibhashika y sautrantika, aceptan la teoría del no-yo, lo cual, hablando en términos concretos, no es la doctrina de la vacuidad postulada por las dos escuelas superiores. Por lo tanto existe la diferencia de que algunas escuelas aceptan la vacuidad de los fenómenos y otras no. También existen diferencias concernientes a la forma en que las escuelas superiores exponen la doctrina de la vacuidad. Para los chitamatra, la vacuidad se expone en términos de no-dualidad entre el sujeto y el objeto. Sin embargo, los madhyamika, rechazan la noción de que la vacuidad sea equivalente a individualismo, que todo sea parte de la naturaleza de la mente. Como veis, incluso dentro del budismo, las escuelas madhyamika y chitamatra se encuentran en conflicto. Los madhyamika están, a su vez, divididos en prasangika y svatantrika, entre las que también existe conflicto.

La última acepta que los objetos existan en virtud de una característica inherente, mientras que la primera no. Como podéis ver, el conflicto en el campo filosófico no es nada sorprendente, pues existe incluso dentro del budismo.

Pregunta: ¿Puede usted aclarar el significado de la existencia inherente y cuáles son los diferentes enfoques con relación a esto? Los madhyamika (prasangika) afirman que no hay existencia inherente, mientras que otras escuelas budistas dicen que sí la hay. ¿Puede usted hablar sobre estas diferencias y explicar cómo podemos penetrar o entender esta ilusión de la existencia inherente?

Su Santidad: En general, "existencia inherente" tiene distintas connotaciones. Algunas veces se emplea para referirse a la naturaleza de las cosas. Por ejemplo, decimos que el "calor" es la naturaleza del fuego y la "liquidez y fluidez" son la naturaleza del agua. Cuando utilizamos las palabras "existencia inherente" de esta forma, es decir, como sinónimos de "naturaleza", estamos utilizándolas para referirnos a objetos que sí existen. Pero hay una forma de existencia inherente que no existe, y esta es la que se critica en el análisis madhyamika. Es la noción de que los objetos existen en si mismos y por si mismos sin depender de otras cosas. En concreto, la existencia inherente, sobre la cual se centra la crítica madhyamika, es una forma de existencia que no depende de la designación conceptual, donde la existencia del objeto designado no depende del pensamiento conceptual y en cambio existe en virtud de alguna naturaleza o esencia que es inherente en el objeto. Ahora bien exceptuando los prasangika, todas las demás escuelas budistas mantienen que los fenómenos no son meramente designados por el pensamiento conceptual, sino que al contrario, en el objeto mismo se puede encontrar algo que "es" el objeto, es decir, una demostración del objeto. Esto es lo que significa el aceptar la existencia inherente. Sin embargo, los prasangika, afirman que los fenómenos existen meramente como entidades designadas por el pensamiento conceptual y que no hay nada que se pueda hallar en el objeto que "sea" el objeto mismo.

Entonces, ¿de qué manera funciona esta idea errónea, de que los objetos existen por si mismos? Todo lo que aparece a la mente aparece como si existiera verdaderamente por si mismo. Por ejemplo, cuando me veis a mí, al Dalai Lama, aparezco como si fuera algo que existe independientemente y por si mismo. El Dalai Lama que está sentado en este cojín no aparece en absoluto como si fuera un ente meramente designado por el pensamiento conceptual. Si no como si existiera dentro del objeto mismo. Ahora bien, si el objeto existiera tal como aparece, entonces al tratar de encontrarlo podríais en realidad hallar un verdadero Dalai Lama. Por lo tanto, debemos preguntarnos si cuando buscamos este objeto, puede ser hallado o no. Si el objeto no es hallado, debemos llegar a la conclusión de que no existe por su propio lado y que cuando el nombre es etiquetado sobre la base de aquella designación, no es etiquetado por el hecho de que la base contenga algo que sea el objeto. Al llegar a este punto, se debe concluir que el objeto no existe como aparece. Entonces nos preguntaremos si existe en realidad.

Sin embargo, los objetos no son totalmente carentes de existencia. Existen nominalmente. Por lo tanto los objetos existen, pero no existen desde el lado de la base designada. Y por lo tanto, aunque existan, puesto que no existen en el mismo objeto, deben existir sólo como designados por el sujeto (por ejemplo, la mente conceptual). El objeto no puede existir de otra forma, aparte de la manera en que es postulado por el pensamiento conceptual. Esto es lo que queremos decir cuando afirmamos que todos los fenómenos son meramente designados por el pensamiento conceptual. Sin embargo, los objetos no aparecen como si fueran meras entidades conceptualmente designadas, por el contrario, aparecen como si existieran por su propio lado. Por ello, creer que los objetos existen como aparecen, es un pensamiento erróneo.

Existe una diferencia entre el tipo de error que supone el que los objetos meramente aparezcan pasivamente de esta forma errónea y el hecho de afirmar activamente a través del argumento lógico que los objetos existen de esta forma errónea. La diferencia entre estas dos formas de ignorancia, una pasiva e innata y otra activa y filosófica, es algo que podremos llegar a entender gradualmente. Existe una diferencia entre la manera en que los objetos existen y la forma en que aparecen. Debido a que los objetos aparecen de una forma que contradice la manera en que existen realmente, que es diferente de su verdadera naturaleza, nuestros pensamientos son equivocados. Estamos equivocados. De forma aproximada, la teoría más o menos es así.

Como podéis ver, el tema no es nada fácil. En primer lugar, se necesita pensar muy profundamente, investigar con detenimiento la naturaleza de los fenómenos. En segundo lugar, el proceso de investigación en si mismo requiere las dos formas de meditación, analítica y concentración. Sin analizar el objeto, no habrá forma de poder verificarlo; sin el tipo de meditación de concentración que enfoca a la mente en un solo punto sobre el objeto, aunque se haya verificado, será difícil percibir claramente el objeto. Por lo tanto, ambas formas de meditación son necesarias. Tanto la meditación analítica como la de concentración sobre el objeto, son esenciales. Además, para comprender la realidad, es necesario acumular méritos. Cuando todas estas condiciones se cumplen la comprensión de la vacuidad se incrementa. Sin embargo, el factor tiempo es importante; esta comprensión no es algo que se pueda alcanzar rápidamente.

PREGUNTA: A través de los años, la ciencia occidental ha hecho progresos que, en algunos aspectos, parecen contradecir las enseñanzas de Buda. Por ejemplo, el budismo afirma que el espacio es permanente, mientras que los científicos occidentales creen que el espacio es impermanente. Además, hay la cuestión de las partículas sin partes, que contradicen los dogmas de las escuelas budistas superiores y son postuladas por los científicos occidentales actualmente. Si se sigue el sendero budista y se encuentra una experiencia evidente de la existencia de objetos que contradicen la enseñanza budistas, ¿qué vía hay que seguir? ¿Hay que aceptar lo que dijo Buda como dogma de fe, a pesar de la evidente contradicción?

Su Santidad: Esta es una pregunta muy interesante. En lo que concierne al espacio, creo que tal vez estés equivocado. Hay dos cosas diferentes que pueden ser denominadas espacio: el espacio no compuesto (tib: *duma byedkyi nammkha*) y el espacio atmosférico (tib: *barnang*). El espacio no-compuesto se refiere a la ausencia de tangibilidad y obstrucción, y esto es lo que se cree que es permanente. Lo que tu llamas "espacio", creo que es lo que nosotros llamamos "espacio atmosférico" y esto es algo que aceptamos como cambiante o impermanente. Aun más, se dice que tiene color, etc... Por lo que creo que la palabra inglesa "espacio" tiene más la connotación de nuestra palabra tibetana *bar snang* en el sentido de "espacio atmosférico".

Pregunta: Según la teoría de la gravedad de Einstein lo que cambia es la verdadera carencia de obstrucción. La materia y el espacio pueden ser concebidos como dos tipos de la misma sustancia y así la materia afecta, de hecho, la no-obstrucción. Por ejemplo, la luz que viaja en el espacio viaja en línea recta, pero cuando se aproxima a un objeto material, viaja en línea curva. Esto se debe a que la materia ha afectado la estructura en sí del espacio, la naturaleza de la no-obstrucción. En realidad el espacio puede transformarse de no obstructor a obstructor y viceversa.

Su Santidad: Estás diciendo que el espacio no es meramente la falta de tangibilidad y obstrucción y, por lo tanto, no te refieres al espacio no compuesto sino al espacio atmosférico. El espacio atmosférico es una entidad compuesta. Este tipo de espacio que dices que se transforma en algo que obstruye debe ser una entidad compuesta y por lo tanto te refieres al espacio atmosférico. El espacio no compuesto es la verdadera ausencia o vacuidad de sustancia material, es la ausencia de obstrucción y tangibilidad, es la ausencia de obstáculo material, una especie de vacío. Creo que esto es un problema terminológico. Vuestra palabra "espacio", creo que se refiere más a lo que nosotros llamamos "espacio atmosférico" y no al "espacio no compuesto".

Tu segunda pregunta tiene que ver con las partículas elementales sin partes. Parece que los científicos modernos aceptan algún tipo de partícula elemental sin partes. Al principio se comienza con una forma física que puede ser percibida por el ojo y se analiza subdividiéndola experimentalmente una y otra vez. Se dice que finalmente se llega a una entidad sustancial que ya no puede ser subdividida más, y en consecuencia, se dice que no tiene partes. Mientras pueda ser ulteriormente subdividida, se dice que tiene partes, y cuando se llega a los límites de la indivisibilidad, se dice que aquella entidad es sin partes.

La noción budista de la ausencia de partes, o su refutación, no es algo que esté verdaderamente basado en la experimentación. La discusión budista de este tema no trata sobre las divisiones empíricas de la materia en diferentes partes. Al contrario, lo que proponemos es una interpretación teórica de la posibilidad de la ausencia de partes, espacial o dimensional. Por lo que se refiere a la conciencia, no se discute la falta de partes espaciales (ya que la conciencia es no material y por lo tanto no espacial) sino la ausencia de partes temporales. Así, en la discusión de no partes, las "partes" que son aludidas en el contexto budista no son subdivisiones diferentes empíricamente probadas. Al contrario, los objetos materiales son divididos en partes espaciales y la consciencia es dividida en partes temporales, en una forma abstracta y estrictamente teórica.

Los físicos afirman que la materia densa es la acumulación de partículas elementales, que las partículas subatómicas configuradas de diferentes maneras constituyen la materia burda. Ahora, consideremos el caso de que las partículas elementales carezcan de partes espaciales. Si no puede decirse que una partícula tenga un lado hacia el oeste y otro hacia el este (ya que según la premisa original se afirma que no tiene partes espaciales), entonces, cuando en el proceso de acumulación para formar una masa, una partícula toque a otra, se fusionarían y las partículas nunca podrían acumularse en grandes agrupaciones.

PREGUNTA: La ciencia occidental no acepta que las partículas elementales se acumulen o actúen recíprocamente de esta forma.

SU SANTIDAD: Entonces, según la ciencia occidental, ¿se acumulan en realidad estas partículas muy elementales?

PREGUNTA: Si, se acumulan a través de distintas interacciones para formar agregados de materia más burda.

SU SANTIDAD: Entonces, cuando dos de estas partículas tan elementales llegan a juntarse, ¿se tocan o no? Y si se tocan, ¿se fusionan en una sola o conservan su identidad individual?

PREGUNTA: A causa de la naturaleza de la interacción y a causa del "principio de la incertidumbre", preguntas como ésta son imposibles de responder.

SU SANTIDAD: Bien, ¿puedes decir si el tamaño aumenta? Por ejemplo, ¿habrá una diferencia entre el tamaño de una sola partícula y el de un conjunto de dos, o diez, o cien?

PREGUNTA: Naturalmente hay una diferencia entre el tamaño de una y el conjunto compuesto por un gran número de partículas.

SU SANTIDAD: Si hay una diferencia entre una sola partícula y el agregado de cien, esto quiere decir que se acumulan entrando en contacto unas con otras y al mismo tiempo retienen su identidad individual. Si cuando entran en contacto se fusionaran unas con otras, nunca podrían formarse acumulaciones mayores. Y si no se fusionan cuando llegan a entrar en contacto, esto implica que una partícula debe tener límites definidos al este y al oeste, y por lo tanto debe tener dimensiones espaciales, lo cual contradice la premisa original de que no tenía partes espaciales.

Entonces en realidad, nunca hemos subdividido empíricamente estas partículas en nuestro análisis. Las partículas son demasiado pequeñas para someterlas al tipo de análisis burdo de que disponemos ahora. A pesar de todo, aunque el análisis no puede ser emprendido empíricamente por nosotros en este momento, aunque no podemos llevarlo a cabo con una máquina, no obstante hemos podido conducirlo teóricamente. Hemos podido determinar que las partículas elementales tienen cuatro lados distintos, un lado al este, al oeste, etc. Por lo tanto puesto que tienen estas partes espaciales, deben de tener tamaño; no pueden ser un punto no dimensional.

Pregunta: El hecho de que cien partículas se hayan acumulado en algo más voluminoso, no quiere decir que una partícula deba tener direcciones puesto que, según los científicos modernos, lo que mantiene a las partículas no es el contacto entre ellas, sino algo más sutil, las fuerzas subatómicas.

Su Santidad: De cualquier forma, esto es lo que se cree ahora, en este siglo. Si esperamos otros veinte años, puede que los científicos tengan algo diferente que decir. Sin embargo, me parece que si se piensa lógicamente sobre ello, si las partículas fuesen puntos espaciales sin dimensiones, un conjunto de mil de dichas partículas no podría ser más grande que una sola de ellas. Si cuando una segunda partícula sin partes se une con la primera, las dos se fusionan, entonces ocurriría lo mismo con la subsiguiente combinación de cien o mil partículas.

Con respecto a tu última pregunta: Supongamos que algo es probado definitivamente a través de la investigación científica, que una cierta hipótesis es verificada o un cierto hecho surge como resultado de la investigación científica. Y supongamos, además, que ese hecho es incompatible con la teoría budista. No hay duda de que debemos aceptar el resultado de la investigación científica. La posición general budista es que debemos aceptar el hecho. La mera especulación desprovista de una base empírica, cuando ésta es posible, es rechazada. Así, si una hipótesis ha sido probada, y se ha encontrado que es cierta en un cien por cien, entonces es un hecho y esto es lo que debemos aceptar.

Debido a que esta noción es la verdadera esencia del pensamiento budista, podemos decir que la filosofía madhyamika es superior a la chitamatra, que la filosofía chitamatra es superior a la Sautrantika, y la Sautrantika a la vaibhashika; esto es gracias a la actitud empírica con respecto a la verdad. Hay muchos puntos clave en la filosofía chitamatra que, cuando se analizan, puede demostrarse que son, filosóficamente, insostenibles. Debido a que el enfoque chitamatra no puede mantener el examen del razonamiento, se dice que la madhyamika es superior. Todo esto se basa en esta misma actitud de aceptar siempre la realidad, lo que es un hecho. Si esto no fuera así, sería imposible afirmar que el punto de vista prasangika madhyamika es el mejor y más sutil.

Con respecto a las palabras de Buda, por ejemplo, el papel que juegan las escrituras, es cierto que ambos sistemas, el madhyamika y el chitamatra, tienen su base en las escrituras, ambas están basadas en las palabras de Buda. No obstante, podemos distinguir la doctrina prasangika como superior a la chitamatra, porque la primera concuerda con la realidad mientras que la segunda no. Así, puesto que debemos seguir lo que se basa en hechos, lo que está basado en la realidad, debemos seguir la teoría prasangika en vez de la chitamatra. Esta es la forma en que debemos pensar, esta es la actitud general budista.

El budismo cree en el renacimiento. Pero supongamos que a través de diversos medios de investigación, la ciencia llega un día a la conclusión definitiva de que no hay renacimiento, si esto es probado definitivamente, entonces debemos aceptarlo. Así que, parece que el procedimiento científico es más poderoso. Pero, por supuesto, sabemos que también hay un límite en su procedimiento. Permitidme dar otro ejemplo: El *Abhidharmakosha* dice que el planeta es plano. Sin embargo todos podemos ver y determinar empíricamente, que el planeta es redondo, por lo tanto debemos aceptar que el mundo es redondo. No podemos exigir que, a pesar de los descubrimientos científicos, los budistas acepten que el mundo es plano simplemente porque se afirma en el *Abhidharmakosha*. Esto es erróneo y no debe ser apoyado, pero creo que en lo que concierne al espacio, no hay un verdadero problema, solo una diferencia en la terminología.

PREGUNTA: Me gustaría conocer el papel que juega la consciencia en el proceso de la reencarnación.

SU SANTIDAD: En general, hay distintos niveles de consciencia. Los niveles de consciencia más burdos dependen en gran manera, de la parte material o física. Puesto que nuestro agregado físico (el cuerpo) cambia de un nacimiento a otro, también cambian estos niveles burdos de consciencia. Sin embargo, cuanto más sutil es el nivel de la consciencia, más independiente es de la esfera física y por lo tanto más probable es que permanezca de una vida a la siguiente. Pero en general, tanto si es más sutil o más burda, todos los niveles de consciencia son de la misma naturaleza.

PREGUNTA: Generalmente se dice que los Maestros de otras religiones, no importa cuán eminentes sean, no pueden alcanzar la liberación sin practicar el camino budista. Ahora bien, suponiendo que haya un gran Maestro, digamos que es un saivita, con una dedicación total hacia los demás, de entrega abnegada. ¿Es esta persona incapaz de alcanzar la Iluminación, simplemente porque sea seguidor de Siva? Si es así, ¿qué se puede hacer para ayudarle?

Su Santidad: Durante la vida misma de Buda hubo muchos maestros no budistas a quienes Buda no pudo ayudar, por los que no pudo hacer nada, así que los dejó estar.

El Buda Shakyamuni fue un ser extraordinario, era la manifestación (Nirmanakaya), la apariencia física, de un ser ya iluminado. Alguna gente le reconoció como un buda, otros le consideraban un mago negro con extraños poderes demoníacos. Incluso el Buda Shakyamuni no fue aceptado por muchos de sus contemporáneos como un ser iluminado. La diversidad de seres humanos hace que haya diferentes predisposiciones mentales, y por ello, hay casos en los que, incluso el Buda, no pudo hacer mucho.

Los seguidores de Siva tienen sus propias prácticas religiosas y obtienen algún beneficio al implicarse en sus formas de adoración. Y, a través de ello, su vida cambiará gradualmente. Ahora bien, mi posición sobre esta cuestión es que los seguidores de Siva, deben practicar según sus propias creencias y tradiciones, los seguidores cristianos deben seguir sinceramente aquello que creen. Con esto es suficiente.

Pregunta: ¡Así que no pueden obtener la liberación!

Su Santidad: Ni siquiera los budistas nos liberamos inmediatamente. Lleva tiempo. Gradualmente podremos alcanzar *moksa* o Nirvana pero la mayoría de los budistas no lo lograrán en una sola vida. Así que no hay prisa. Si los propios budistas deben esperar, tal vez durante muchas vidas, para alcanzar su meta, ¿por qué debemos suponer que pueda ser distinto para los no budistas?

Por ejemplo, supongamos que intentáis convertir a la religión budista a alguien que pertenece a otra religión, discutiendo e intentando convencerlo de la inferioridad de su posición. Y supongamos que no tengáis éxito, que no se convierte al budismo. Por una parte, habéis fracasado en vuestra tarea y por otra, posiblemente habéis debilitado la confianza que tiene en su propia religión, así que puede llegar a dudar de su propia fe; lo que habéis conseguido no tiene sentido. Cuando nos relacionamos con seguidores de las distintas religiones, no debemos discutir sino aconsejarles que sigan sus propias creencias lo más sinceramente posible. Pues así, sin ninguna duda, obtendrán un beneficio. En esto no existe ninguna duda. Incluso en un futuro cercano podrán lograr más felicidad y satisfacción.

Esto es lo que creo. Normalmente es así como actúo en estas cosas. Cuando me encuentro con seguidores de otras religiones, siempre los animo, pues basta con que sigan las enseñanzas morales que cada religión enfatiza. Como he dicho anteriormente, es suficiente con que intenten ser mejores seres humanos. Esto, en si, es muy positivo y digno de alabanza.

PREGUNTA: Pero, ¿sólo Buda puede ser la fuente del refugio último?

SU SANTIDAD: Aquí es necesario examinar el significado de la liberación o salvación. La liberación en que "una mente que comprende la totalidad de la realidad aniquila todas las manchas de la esfera de esta realidad", es un estado que solo Buda puede realizar. Este tipo de *moksha* o Nirvana sólo se explica en las escrituras budistas y sólo se puede conseguir a través de la práctica budista. Según ciertas religiones, la salvación es un lugar, un paraíso maravilloso, parecido a un valle de paz. Para alcanzar tal estado, para lograr este estado de *moksa*, no es necesaria la practica de la vacuidad, la comprensión de la realidad. En el budismo, creemos que a través de la acumulación de mérito se puede obtener el renacimiento en cielos paradisíacos como Tushita.

PREGUNTA: Así que si uno es seguidor del Vedanta y alcanza el estado de Tcitananda, ¿no podría considerarse como la liberación última?

Su Santidad: Como dije antes, depende de su interpretación de las palabras, "liberación última". El *moksa* que se describe en la religión budista es alcanzado solo a través de la práctica de la vacuidad. Esta forma de Nirvana o Liberación, que he definido anteriormente, no puede ser alcanzado incluso ni por los svatantrika madhyamika, ni por los chitamatra, sautrantika o vaibhashika. Los seguidores de estas escuelas, aunque son budistas, no entienden la verdadera doctrina de la vacuidad y por ello no pueden alcanzar la forma de liberación que he definido anteriormente.

Pregunta: Puede usted explicar por qué, por medio de la meditación tántrica, se alcanza el estado de Iluminación mucho más rápidamente que con vipasana, la meditación de la visión superior.

Su Santidad: En la meditación tántrica, particularmente en la práctica del mahanutarayoga tantra, mientras se realiza la vacuidad, la verdad última, se controla el pensamiento con el uso de ciertas técnicas. En el sutra, la forma no tántrica del mahayana, no se alude a estas técnicas para controlar el pensamiento en esta forma concreta; no encontramos alusión a las técnicas que implican las prácticas yógicas del control de la respiración y meditación utilizando las venas interiores, los *chakras*, etc. El sutra solamente describe cómo analizar el objeto, cómo llegar a alcanzar una percepción directa de la naturaleza del objeto a través del razonamiento. Sin embargo, el mahanutarayoga tantra, enseña, además, ciertas técnicas que utilizan las venas, los aires sutiles, etc. para ayudar a controlar los pensamientos más eficazmente. Estas técnicas ayudan a conseguir rápidamente el control de la mente dispersa y alcanzar de manera más eficaz un nivel de consciencia que es sutil y poderoso. Esta es la base del sistema.

La sabiduría que realiza la vacuidad, que ha conseguido percibir directamente la naturaleza de la realidad, es de varios tipos según el nivel de sutilidad de la consciencia que percibe dicha vacuidad. En general, existen niveles de consciencia burdos, sutiles, y el nivel más sutil o profundo. La característica específica de la práctica tántrica es que a través de ella se puede evocar voluntariamente esta consciencia más sutil y utilizarla de la forma más efectiva. Comprender la vacuidad a través de este nivel más sutil de la mente es muy poderoso y tiene mucho más efecto sobre la personalidad.

Para activar o hacer uso de los niveles más sutiles de la consciencia, es necesario bloquear los niveles burdos. A través de prácticas tántricas específicas, como la meditación en los *chakras* y las venas (*nadis*), se puede controlar y, temporalmente, abandonar los niveles burdos de la consciencia. Cuando estos llegan a ser suprimidos, los niveles sutiles de la consciencia se activan y a través de su uso se producen las realizaciones espirituales más poderosas. Por lo tanto, con la práctica tántrica que concierne a la consciencia más sutil, el objetivo de la Iluminación puede ser alcanzado más rápidamente.

PREGUNTA: ¿No son los objetos de la meditación tántrica solo cosas imaginarias sin realidad alguna?

SU SANTIDAD: Desde luego, al principio esos objetos son solo creaciones de la mente, meramente imaginarios. No obstante, ejercen una función especial y cada uno tiene un propósito específico. El que sean imaginarios no los priva de eficacia.

PREGUNTA: ¿Cómo existen las cosas si están vacías de existencia inherente?

SU SANTIDAD: Las doctrinas de la vacuidad y carencia de autoexistencia no implican la no-existencia de las cosas. Las cosas existen. Cuando decimos que todo fenómeno está desprovisto de existencia propia, no significa que abogamos por la ausencia de existencia o que neguemos la existencia de las cosas. Entonces, ¿qué es lo que estamos negando? Negamos o rechazamos el que cualquier fenómeno exista por si mismo sin depender de otras cosas. Debido a que los objetos dependen para su propia existencia de otras causas y condiciones, se afirma que carecen de existencia propia e independiente.

Planteándolo de otra forma, si buscamos un objeto sometiéndolo a un análisis lógico, éste no puede ser hallado. Cualquiera que sea el objeto, tanto si es mental como físico, tanto si es Nirvana como el mismo Shakyamuni, cuando se somete a una investigación lógica, no hay nada que se pueda encontrar.

Ahora bien, tenemos esta creencia en el "yo". Decimos: "yo soy fulanito de tal" o "yo soy budista". Si investigamos las implicaciones de esto, tenemos que afirmar que el "yo" existe. Cuando hay una creencia, debe haber un creyente, así pues debe haber seres conscientes. No hay ninguna duda sobre si los seres existen o no, por supuesto que sí. El Dalai Lama existe. Los tibetanos existen. Hay canadienses y hay ingleses. Ya que Inglaterra existe, debe haber ingleses, y un idioma inglés con el que hablamos ahora. En la actualidad hay seres que hablan inglés, esto es un hecho que nadie puede negar.

Pero si nos preguntamos: ¿"dónde está el idioma inglés?", ¿"Dónde está el "yo"?", ¿"Dónde está el "yo" del Dalai Lama?" Podemos caer en la tentación de decir: Puesto que el "yo" no se encuentra cuando es analizado con un razonamiento lógico, no hay un "yo" en absoluto. Pero esto es erróneo. Podemos señalar la forma física del Dalai Lama, su cuerpo y también sabemos que el Dalai Lama tiene una mente. Mi cuerpo y mi mente me pertenecen. Por lo tanto si yo no existiera en absoluto, entonces, ¿cómo podría ser el "propietario" de mi cuerpo y mi mente? ¿Cómo podrían ser "míos"? El cuerpo y la mente pertenecen a alguien, ese alguien es el "yo". Debido a que el cuerpo pertenece al yo, cuando el cuerpo se encuentra enfermo, decimos: "yo" estoy enfermo. Esta es una expresión perfectamente significativa. Igualmente debido a esta relación entre el "yo" y el cuerpo, es por lo que cuando tomamos una aspirina y el cuerpo se siente mejor, decimos "yo" me siento mejor. Por lo tanto, puesto que tiene sentido decir "no me encuentro bien" cuando el cuerpo no se encuentra bien; es también la razón de que algunas veces, cuando nuestra mente olvida algo, nos irritemos con nosotros mismos y digamos: "Oh, que distraído soy". Todas estas situaciones y formas de expresión ocurren y tienen sentido, por ello sabemos que debe existir un "yo" nominal o convencional.

Ahora bien, aparte del cuerpo y la mente, no puede haber un "yo", y sin embargo, si lo buscamos entre nuestros agregados físicos y mentales, no hay un "yo" que se pueda encontrar. Así el quid de la cuestión es: existe un "yo", pero es algo que es meramente designado en dependencia del cuerpo y la mente. El cuerpo en sí mismo es materia, una entidad compuesta de distintas partes. Como el yo, el cuerpo también es designado solo en dependencia de sus partes, y si buscamos entre estas partes, tampoco puede ser hallado.

Este análisis se aplica igualmente a todos los fenómenos, incluso al mismo Buda Maitreya. Si buscamos al Buda Maitreya entre sus agregados, no podemos encontrarle. Ya que, finalmente, incluso los Budas no existen, sabemos que no puede haber ningún tipo de persona o yo. Sin embargo, convencionalmente existe un Buda Maitreya. Aquí en el templo podemos ver su estatua o imagen. Ahora, examinemos la imagen. Está compuesta de diferentes partes: la cabeza, el torso, las manos y pies. Aparte de esto no existe la imagen del Buda Maitreya. La imagen es simplemente una composición de las diferentes partes designadas con el nombre de "imagen del Buda Maitreya". Por lo tanto la conclusión es esta: si investigamos y buscamos cualquier objeto, podemos pasar años y años sin encontrarlo. Esto quiere decir que la imagen de Maitreya, por ejemplo, no existe por si misma, es algo solamente designado por nuestra mente. No existe inherentemente y por lo tanto debe ser una entidad designada o atribuida solo por la mente. Aunque la imagen a escala última no existe, no obstante, si tomamos la imagen como el objeto de nuestra visualización y la veneramos, etc., el mérito se acumula y se obtendrá beneficio.

Pregunta: Entonces, ¿no quiere decir esto que la imagen tiene dentro el poder inherente de generar mérito para el devoto?

Su Santidad: Desde luego, la imagen tiene la habilidad para servir como base para generar mérito. El que hayamos establecido que la imagen está vacía de existencia inherente, no niega la aptitud de la imagen para servir como fuente o campo para acumular mérito. Pero debemos recordar que la acumulación de mérito o negatividad es algo que se produce solo nominal o convencionalmente y no de manera inherente.

Si la imagen tuviera el poder inherente de crear mérito, entonces debería poder hacerlo independientemente de cualquier otro factor o condición. Pero sabemos que este no es el caso. Por ejemplo, una persona que, motivada por el odio, destruye una imagen no acumula la virtud por esta acción en relación con el objeto, sino negatividad. Aquellos que hacen postraciones u ofrendas a una imagen sin una motivación apropiada, acumulan muy poco mérito, mientras que aquellos que la veneran con la apropiada atención y buenas intenciones, se beneficiarán mucho de sus acciones. Por lo tanto, la acumulación de mérito con relación a la imagen no es algo predeterminado e inherente en la imagen, sino que depende de otras condiciones y factores. Por esta razón, se afirma que es un proceso que solo existe convencional o nominalmente. Sin embargo, la fe en si misma es algo designado por la palabra "fe", si uno la busca, no puede encontrarla. Pero aparte de dicho análisis existe la fe. La fe existe convencionalmente porque subsiste cuando no es un objeto de análisis. Ocurre lo mismo con las bendiciones; cuando se someten a un análisis lógico, no pueden ser halladas, pero si uno se da por satisfecho sin analizar su forma de existencia última, entonces se puede decir que existen. En general es así, pero este es un tema sobre el cual se debe pensar de manera profunda.

Pregunta: ¿Puede usted darnos un breve consejo que podamos poner en práctica en nuestra vida diaria?

SU SANTIDAD: No sé, realmente no tengo mucho que decir. Simplemente recordar que todos nosotros somos seres humanos y desde este punto de vista, todos somos iguales. Queremos felicidad y apartarnos del dolor. Si consideramos este punto, veremos que no hay diferencias entre las personas de diferentes credos, razas, colores o culturas. Todos tenemos en común el deseo de felicidad.

En realidad, se supone que nosotros los budistas debemos beneficiar o salvar a todos los seres conscientes, pero, en términos prácticos, esto posiblemente es una noción demasiado general para la mayoría de la gente. De cualquier forma, debemos pensar al menos en términos de ayudar a todos los seres humanos. Esto es muy importante. Incluso si no podemos pensar en términos de los seres conscientes que habitan los diferentes mundos, debemos pensar en los seres humanos de este planeta. Hacer esto es acercarnos al problema de una forma práctica. Es necesario el ayudar a los demás, no sólo con nuestras oraciones, sino también en nuestra vida diaria. Si no podemos ayudar a los demás al menos desistamos de hacerles daño. No debemos engañar o mentir; debemos ser seres humanos honestos y sinceros.

A un nivel práctico, dichas actitudes son cosas que necesitamos. El que una persona sea creyente o no, es otra cuestión. Simplemente, como habitantes del mundo, como miembros de la familia humana, necesitamos estas actitudes. A través de ellas se consigue una verdadera paz y la armonía mundial. A través de la armonía, la amistad y el respeto hacia los demás, podemos resolver muchos problemas de forma correcta y sin dificultad.

Esto es lo que creo y dondequiera que voy, tanto si es un país comunista como la Unión Soviética o Mongolia, o un país capitalista y democrático como los Estados Unidos y los países del oeste de Europa, expreso el mismo mensaje. Este es mi consejo, mi sugerencia y mi convencimiento. Yo mismo lo practico tanto como puedo. Si estáis de acuerdo conmigo y encontráis algún significado en lo que he dicho entonces veréis su utilidad.

Algunas veces, las personas religiosas, la gente que está comprometida en una verdadera practica religiosa, se retira de la esfera de la actividad humana. En mi opinión, esto no es bueno, no es acertado. Pero debo aclarar que en algunos casos, cuando la persona verdaderamente desea dedicarse a una meditación intensiva, por ejemplo, si desea obtener el desarrollo de la concentración perfecta, entonces está bien buscar la soledad durante unos períodos de tiempo limitados. Pero dicho caso es una excepción y la gran mayoría de nosotros debemos encontrar la verdadera práctica religiosa dentro del contexto de la sociedad humana.

En el budismo, tanto el conocimiento como la práctica son extremadamente importantes y deben ir juntos. Sin conocimiento, si solo dependemos de la fe, es bueno, pero no suficiente. La parte intelectual definitivamente ha de estar presente. Al mismo tiempo, un desarrollo estrictamente intelectual sin fe en la práctica es también inútil. Es necesario la unión del conocimiento nacido del estudio con una práctica sincera en nuestra vida diaria. Los dos deben ir juntos.

Permitidme añadir algo más. No debéis tener prisa en practicar tantra. Yo mismo he recibido muchas iniciaciones, sin embargo es muy difícil practicar el tantra de forma correcta. ¿Para qué apresurarse? Una vez que estéis capacitados y tengáis una base apropiada, entonces se puede practicar el tantra de forma correcta y desarrollarlo rápida y exactamente tal y como lo exponen las escrituras tántricas. Sin embargo, sin una base adecuada, sin haber acumulado las condiciones apropiadas, no hay posibilidad alguna de avanzar rápidamente en el camino del tantra. Si uno se compromete en esta práctica sin tener las condiciones apropiadas, existe el peligro de que surjan conceptos erróneos y dudas. En los textos se dice que puede alcanzarse algún objetivo en tres o seis meses, pero cuando ha transcurrido este tiempo sin que ocurra nada, puede que empecemos a preguntarnos si es posible o no progresar, y así dudar del método en sí. Creo que si queremos desarrollarnos de forma realista no debemos precipitarnos en la practica del tantra.

Su Santidad: Para empezar quiero expresar lo feliz que estoy de poder encontrarme hoy aquí con vosotros. Creo que es la segunda vez que nos reunimos y parece que esta forma de diálogo ayuda y beneficia a la gente. Así que estoy muy contento de encontrarme aquí de nuevo. Por mi parte no tengo mucho que decir así que he decidido abrir el terreno para las preguntas. Puesto que he llegado con la idea de responder preguntas, he traído un traductor. Hoy me encuentro preparado para preguntas profundas y filosóficas. Doy la bienvenida a las preguntas más difíciles.

Pregunta: En los pasados años hubo entre los occidentales un interés creciente, especialmente entre los jóvenes, en las prácticas y disciplinas budistas, y una de las preguntas que se plantea mucha gente es: aquí tenemos la oportunidad de practicar la meditación, de cultivar nuestras mentes y corazones a través de distintos medios, pero cuando volvemos a occidente, la sociedad no siempre es muy comprensiva. Vivir en el mundo occidental se ha convertido en una tarea difícil y problemática. Así la pregunta que quiero hacerle a Su Santidad es simplemente esta; ¿qué consejo tiene para nosotros?

Su Santidad: Estoy de acuerdo en que el medio ambiente es muy importante. Sin un medio adecuado, si la situación en que uno se encuentra no es muy apropiada, aunque se quiera practicar, será difícil hacerlo diariamente y con determinación. Así que mi consejo, mi sugerencia, es esta: si tenéis algún conocimiento, o experiencia básica sobre cómo enfrentar un problema, sobre cómo adoptar una actitud adecuada hacia un problema, por ejemplo, cómo enfrentarse con las actitudes negativas que surgen en una sociedad competitiva, entonces, una vez que uno se ha creado una base, a pesar del hecho de que se encuentre en una sociedad no muy favorable para el practicante, es posible seguir con devoción las enseñanzas.

Ahora bien, en ciertas circunstancias, posiblemente puede que sea necesario reaccionar de distintas formas. Por ejemplo, si eres una persona honesta y humilde y actúas en consecuencia, posiblemente, algunos intentarán aprovecharse de ti. En tales situaciones es necesario reaccionar, aunque sin resentimientos negativos. A un nivel profundo, deben estar presentes los sentimientos de paciencia, compasión y tolerancia, aunque en el ámbito superficial hayamos de tomar las acciones apropiadas. Esta es la única forma de proceder en dichas circunstancias.

Otra cosa muy conveniente es que, de vez en cuando, visitéis sitios como Bodh Gaya, donde podréis escuchar enseñanzas y donde existe un medio con las facilidades apropiadas para practicar. De vez en cuando, debemos recargarnos, para después volver a nuestros estudios, trabajo, etc., venir a sitios como éste y refrescar nuestra mente. Creo que esto es de gran ayuda y un camino viable y apropiado.

PREGUNTA: Si una persona considera el yo y otros fenómenos como vacíos de cualquier existencia inherente, ¿es posible para ella, en este estado, tomar cualquier fenómeno animado o inanimado como objeto y, a través del poder de la imputación o las palabras, hacer posible que el objeto manifieste realmente una función con las cualidades con que lo vemos?

SU SANTIDAD: Este es un ejemplo de comprensión incorrecta del significado de "la carencia de existencia inherente". Si pensamos que "vacío" significa que los objetos no pueden funcionar, entonces, con este entendimiento incorrecto de la vacuidad, se ha caído en el nihilismo. Puesto que no se ha conseguido conciliar la vacuidad y el hecho de que las cosas funcionan, este enfoque es incorrecto. Por esta razón se afirma que el significado de la vacuidad debe ser comprendido en relación con la originación interdependiente.

Puesto que el significado de la vacuidad tiene que explicarse en términos de la relación dependiente, sólo podemos explicar que algo es un surgimiento dependiente si hay una base, es decir alguna cosa que sea dependiente. Por lo tanto, dicha base debe existir. Cuando hablamos de un surgimiento dependiente, estamos indicando que las cosas funcionan. El surgimiento dependiente prueba que las cosas funcionan en dependencia mutua. El hecho de que las cosas funcionen y que lo hagan en dependencia mutua, elimina la posibilidad de que sean independientes. Esto elimina la posibilidad de la existencia inherente, puesto que existir de manera inherente significa ser independiente. Por ello, la comprensión de la vacuidad, la vacuidad de existencia inherente, de algo que sea independiente, se une a la comprensión del surgimiento dependiente

Ahora bien, así como hemos sido capaces de deducir que los objetos son vacíos a partir del hecho de que se originan de manera interdependiente, del mismo modo es posible comprender la originación interdependiente a partir del hecho de que los objetos son vacíos. Por lo tanto, debido a que las cosas son vacías, funcionan. Esto, a su vez, implica que el karma y sus efectos son activos y que es necesario saber lo que hay que abandonar y lo que hay que adoptar.

Cuando reflexionamos profundamente sobre la vacuidad, sobre la ausencia de existencia inherente, cuando buscamos el objeto designado como "yo" entre los agregados, el "yo" como normalmente aparece, no puede ser hallado. El "yo" tal y como aparece en nuestra mente cotidiana, no puede ser hallado. Este tipo de "yo" aparece de esta forma como resultado de estar acostumbrados a ver los objetos como si existieran inherentemente desde un tiempo sin principio. Pero dicho "yo" no existe.

Si no nos damos cuenta de esto, existe el peligro de que podamos creer que no existe en absoluto. En este punto es útil considerar cómo existen las cosas, que incluso en el lenguaje corriente son consideradas como "falsas", y cómo, su existencia falsa y su funcionamiento no se contradicen el uno al otro. Por ejemplo, consideremos el reflejo de los objetos en un espejo. El reflejo no es el objeto que parece ser. Desde cualquier punto de vista, está vacío de ser el objeto. El reflejo o imagen del objeto en el espejo es en todos los aspectos vacío de ser el objeto que parece ser. Sin embargo cuando el objeto se sitúa enfrente del espejo, a pesar del hecho de que es un objeto falso, aparece la imagen. Y cuando él se quita, a pesar de que durante todo el tiempo ha sido un objeto falso, desaparece la imagen. Esto indica que aunque un objeto sea falso no impide su actividad o funcionamiento.

Esto es el análisis de cómo la originación interdependiente puede actuar como prueba de que un objeto está vacío de existencia inherente. La comprensión de la originación interdependiente tiene la capacidad de eliminar ambos extremos (eternalismo y nihilismo). Cuando buscamos al objeto designado y no lo encontramos, afirmamos que no hay existencia inherente, o esencia. "Si la esencia existiera, debería ser hallada, pero yo no he encontrado nada en absoluto"; quedarse anclado en esta vía es obtener solo una comprensión parcial de la vacuidad. Aunque surge una apariencia de vacuidad, no se dice que sea una verdadera vacuidad. La verdadera forma de la vacuidad es la vacuidad relacionada con la originación interdependiente.

Ahora bien, si uno no puede encontrar sentido a esta visión de la vacuidad tal y como es expuesta por los acharyas prasangika, Budhapalita y Chandrakirti, no hay motivo para forzarse en aceptarla. En su lugar se puede encontrar más aceptable la explicación de la vacuidad de existencia verdadera de la escuela Svatantrika que acepta nominalmente que los objetos existen en virtud de sus propias características, dejando de lado la creencia prasangika de que los objetos existen solo como entidades lingüísticamente designadas (de que no tienen mas existencia que la concedida por el nombre). Incluso, uno podría hallar mas adecuado el pensar en las cosas según el enfoque de la escuela chitamatra (Solo Mente). Pero sea cual sea el punto de vista que uno decida aceptar, hay que estar bien seguro de que este enfoque contrarreste las emociones negativas y la creencia errónea en la verdadera existencia. A la vez, no debe contradecir el hecho de que los objetos funcionan y que lo hacen de manera interdependiente. Este punto es sumamente importante. Si encontramos el primer enfoque inaceptable, debemos pensar en las otras escuelas tales como la Svatantrika y chitamatra, como posibles alternativas.

Es esencial el llegar a un entendimiento de la vacuidad por la eliminación de los dos extremos (eternalismo y nihilismo), y hay dos formas distintas de hacerlo. El extremo de eternalismo, la entidad que se comprende de forma errónea, es eliminado por el razonamiento. Y es sobre todo la propia experiencia la que elimina el extremo del nihilismo. Así cuando empezamos a meditar en la vacuidad, debemos estar preparados a pellizcarnos la mano. Si cuando pensáis que habéis comprendido la vacuidad creéis que nada existe, entonces os podéis pellizcar bien. Esta experiencia será la que eliminará el punto de vista nihilista.

PREGUNTA: Un budista, tal como yo lo entiendo, es una persona que se supone que manifiesta compasión trabajando para eliminar el sufrimiento de todos los seres conscientes. No obstante, con mucha frecuencia el sufrimiento de los seres conscientes es causado por otros seres conscientes. Así que, me pregunto si es posible que un budista, para ayudar a la mayoría de los seres, puede dañar aquellos que están causando el sufrimiento a la mayoría. En otras palabras, ¿es lícito para un budista el dañar a alguien con el objetivo de ayudar a los demás?

SU SANTIDAD: Esto depende de la situación, la cual debe ser examinada. Depende de las cualificaciones del adepto y de las ramificaciones de la acción. Por ejemplo, si alguien está a punto de cometer una acción muy negativa, una acción que puede dañar a mucha gente, entonces, en tal caso, motivado por la compasión, debemos intentar detener la acción. Sin embargo, si no hay otra alternativa, si la violencia es la única opción que puede impedir que la mala acción o delito, sea llevada a cabo, en tal caso la violencia o una fuerte oposición, son permisibles y necesarias. Superficialmente, aunque dichas medidas pueden parecer que dañan a una persona en particular, a causa de nuestra motivación y la naturaleza virtuosa de nuestro objetivo último, es como si estuviéramos aplicando un castigo disciplinario. No aplicamos este método violento motivados por el odio, sino solo por compasión y por un deseo de evitar la acción negativa. Los padres que, motivados por un sentido profundo de compasión hacia sus hijos, utilizan palabras duras o una contundente acción física para evitar que sus hijos se comporten mal, puede parecer, que al pegarle, etc., están haciendo daño al niño, pero en realidad, están ayudándolo. Por lo tanto, no hay contradicción.

PREGUNTA: Quiere Su Santidad explicar como aplicar el vipasana en los vehículos del sutra y tantra?

SU SANTIDAD: ¿Cuál es el significado de vipasana? (tib: *lhag mthong*). La etimología de la palabra es "ver" (tib: *mthong*) los objetos de forma superior o positiva (tib: *lhag par*). Pero os preguntaréis, que quiere decir "ver las cosas de forma positiva". Significa que a través del poder del análisis, se llega a ver mejor el aspecto o cualidades de un objeto mejor, conociendo el objeto a través de una forma de sabiduría analítica. Por lo tanto, se dice que "vipasana" es una forma de meditación analítica.

Es la propia sabiduría del individuo la que analiza o intenta llegar al fondo del objeto, sin embargo esto no ocurre, a menos que la mente esté en calma. Por lo tanto, lo que llamamos "vipasana" es una forma de análisis a través de la propia sabiduría individual cuando es acompañada o apoyada por samatha, la calma mental. Esto es lo que se llama la unión de samatha y vipasana. En el vehículo del sutra, samatha se logra a través de la meditación de concentración y vipasana a través de la meditación analítica. En términos del objeto que mantienen no existen distinciones ni diferencias. Solo en términos de cómo lo mantienen.

Se afirma que el vehículo del tantra es una forma de práctica especialmente eficaz porque tiene más y mejores métodos para alcanzar este samadhi, la conjunción de samatha y vipasana. De las cuatro clases de tantra, los métodos para la realización de samatha y vipasana que se exponen en las tres clases inferiores son los mismos que los expuestos en los textos del sutra de Asanga –sravakabhumi, etc.– Sin embargo, en el sistema mahanutara-yoga tantra hay una forma de práctica que consiste en fijar la concentración en distintos puntos del cuerpo. De esta manera es posible evitar completamente la meditación analítica. Simplemente por la práctica de la meditación (enfocando la mente en estos centros) es posible alcanzar vipasana.

PREGUNTA: Como practicantes del camino espiritual, algunas veces surge el deseo de tomar la ordenación de monje o monja en una de las tradiciones budistas. Para un hombre o una mujer que lleguen a tal punto, puede convertirse en un dilema el plantearse "¿debo o no ordenarme?" ¿Desea Su Santidad dar algún consejo con relación a este tema?

SU SANTIDAD: El Buda expuso una gran variedad de caminos distintos, de métodos diferentes. Para los laicos existe *sila* o votos. A la vez que también está el *sila* monacal. Pero aquí, lo más importante es que uno mismo determine qué forma de disciplina es más conveniente para uno y atenerse a ella. A nosotros nos corresponde tomar la decisión final, planteándonos y considerando si podemos o no mantener los votos que queremos tomar. Por ejemplo, si estáis indecisos sobre si poder o no mantener los votos monásticos, lo mejor es no tomarlos y seguir como laico, siguiendo la conducta prescrita en los votos laicos. Una vez os sintáis seguros de poder mantener las reglas impuestas a los monjes, entonces tomadlos.

PREGUNTA: Una persona, especialmente en occidente, debe tener como base de vida, la humildad, la honestidad y la ética. Una vez que se tiene esta base, ¿qué otras cosas sugiere Su Santidad pueden cultivarse en la vida? ¿Qué otra cosa es necesaria y valiosa para adoptar en la vida, si ya existe la base de la virtud, la ética y la humildad?

SU SANTIDAD: A continuación lo que hay que cultivar es samadhi o meditación estabilizada. *Sila*, es un método de auto-control, es la acción defensiva. Como sabéis nuestro verdadero enemigo, está dentro de nosotros. Nuestros enemigos reales son las emociones aflictivas, orgullo, ira, celos, etc. Estas emociones son las que crean los verdaderos problemas, y hay que buscarlos dentro de nosotros. La verdadera práctica del Dharma consiste en luchar contra estos enemigos internos.

Como en cada guerra, primero debemos mantener una acción defensiva, y en nuestra lucha espiritual contra las emociones negativas, *sila* es nuestra arma defensiva. Sabemos que al principio aún no se está totalmente preparado para la acción ofensiva, entonces debemos recurrir a la acción defensiva, es decir *sila*. Una vez que las defensas han sido preparadas, entonces es cuando hay que lanzar la ofensiva. Aquí nuestra arma principal es sabiduría o vipasana. El arma de la sabiduría es como una bala, o un cohete; el lanzador del cohete es samatha o permanencia apacible. En resumen, una vez que tengáis la base de la moral o ética, el paso siguiente es la práctica en la estabilización mental o samatha y, finalmente, en la sabiduría.

PREGUNTA: ¿A qué atribuye usted la creciente fascinación en occidente, especialmente en América, por las religiones orientales? Me refiero a muchas prácticas y cultos que se están volviendo sumamente fuertes en América. ¿A qué atribuye usted, concretamente en esta época, los motivos de dicha fascinación?

¿Desea alentar a la gente que está insatisfecha con su forma de vida occidental, habiendo sido educados en este mosaico religioso (cristianismo, Judaísmo e Islamismo), que están insatisfechos por una falta de motivación espiritual, a buscar mas profundamente en su propia religión o, en su lugar, a plantearse el budismo como alternativa?

Su Santidad: Esta es una pregunta muy delicada. Por supuesto, desde el punto de vista budista, todos somos seres humanos y todos tenemos los mismos derechos de practicar la propia religión o cualquier otra. Este es nuestro derecho. Creo que el estudio comparativo de todas las tradiciones religiosas es útil.

Generalmente, considero que cada religión tiene el potencial de dar a cualquier ser humano, buenos consejos. No hay ninguna duda de que es así. Sin embargo debemos tener siempre en mente que cada individuo tiene distintas predisposiciones mentales. Esto quiere decir que para algunos individuos un sistema religioso o filosofía es mas adecuada que otra. La forma en la que se puede llegar a la conclusión correcta sobre cual es mas conveniente para uno mismo es a través del estudio comparativo. Por lo tanto debemos observar y estudiar, así encontraremos la enseñanza que mejor se adecue a nuestra propia experiencia. Esto, es lo que creo.

Lo que no puedo hacer es aconsejar a todos que practiquen el budismo. Por supuesto, para alguna gente, la religión o filosofía budista es más adecuada, más efectiva. Pero esto no quiere decir que sea la mas apropiada para todos.

Su santidad: para empezar, quiero daros la bienvenida. No voy a estar muchos días en Bodh Gaya, pues estoy muy ocupado. Creo que hay mas gente reunida este año que el pasado, ¿no es verdad?

Las enseñanzas ya han terminado y todos se van. Excepto para nuestro recuerdo, pronto no quedará nada de estos días en Bodh Gaya. Así es la vida humana, el tiempo pasa. Como budistas, no solo debemos pensar en términos de esta vida, sino en términos de trillones y trillones de años. El pensar de esta manera es también una forma de práctica. Creo que esto es muy importante.

Al principio, por supuesto debemos aprender de un Maestro o de libros. Después es necesario aplicar lo que hemos aprendido a las nuevas experiencias y acontecimientos que encontramos en nuestra vida diaria. Si consideramos nuestra partida de Bodh Gaya, posiblemente alguna gente se sienta triste. No es útil acentuarlo pensando: "Ahora nos vamos de Bodh Gaya y ya no nos volveremos a ver durante mucho tiempo". Sin embargo, si contemplamos su profundo significado, la lección absoluta de la impermanencia, la esencia del cambio, y la naturaleza de la vida humana, entonces la experiencia de marcharse, puede ser útil, se vuelve significativa. Podemos irnos físicamente, sin embargo nuestros recuerdos y ciertas cosas que hemos experimentado en Bodh Gaya, quedan en nuestras mentes. De todos modos la parte física no puede permanecer contigo eternamente, permanece por un tiempo y después se va. Todas las cosas materiales externas, sin importar lo hermosas o lo importantes que son, con el tiempo desaparecen. Sin embargo, algunas cosas relacionadas principalmente con la consciencia, la experiencia interior, generalmente, siempre quedan con nosotros.

PREGUNTA: su santidad, ¿cómo podemos separar la esencia del budismo de las adaptaciones de la cultura tibetana?

SU SANTIDAD: creo que enseñanzas básicas como las cuatro nobles verdades y las dos verdades (convencional y última), son los verdaderos fundamentos del budismo. Estas enseñanzas se encuentran en el budismo japonés, chino, tailandés, birmano y también en el tibetano. Todos tienen enseñanzas semejantes a las cuatro nobles verdades, la base de todas las formas de budismo. Ahora bien, en general no practican los tantras. Estos se practican solo en el Tíbet, Japón y tal vez en Corea. Sin embargo podemos considerar las enseñanzas tántricas como auténtico budismo igual que las enseñanzas básicas.

En el budismo tibetano, cuando llevamos a cabo ciertos tipos de oraciones y rituales, en algunos aspectos menores, pueden existir adaptaciones tibetanas. Se puede prescindir de estas partes en la transmisión del budismo a otras culturas. Por ejemplo, cuando realizamos ciertas pujas (rituales de ofrendas), utilizamos instrumentos musicales, por ejemplo, la concha marina, y esto lo adoptamos de la India porque en el Tíbet no había conchas, aunque sí eran comunes otros instrumentos. Cuando los occidentales realicéis estas pujas, no es necesario que utilicéis los mismos instrumentos, podéis utilizar los vuestros propios. Este es sólo un ejemplo de los aspectos de adaptación. En otro lugar con una gente y cultura distinta puede que estas cosas no sean relevantes ni útiles, así que estas partes pueden cambiarse. Por ejemplo, en occidente, existe la tradición de cantar; los cristianos, utilizan canciones como un medio de comunicar y apreciar el significado espiritual. Esto está bien; es útil.

PREGUNTA: En las enseñanzas budistas se habla de cosas que son contradichas por la ciencia occidental. Por ejemplo, se afirma que la luna está a cien millas de la Tierra, etc. Muchos de nuestros Maestros mantienen que estos puntos de vista son verdaderos y que la ciencia occidental está equivocada. ¿Podría comentar acerca de cómo debemos enfocar estas enseñanzas del Buda y cómo considerar a nuestros Maestros que las mantienen de manera literal?

SU SANTIDAD: Esta es una cuestión complicada, sin embargo creo, y lo he expresado en varias ocasiones, que básicamente la actitud budista sobre cualquier tema debe concordar con la realidad. Si, mediante investigación, encontráis que hay pruebas y razones que avalan un tema, debéis aceptarlo. Esto no quiere decir que no haya ciertos puntos que estén más allá de los poderes humanos del razonamiento deductivo, este es un asunto distinto. Pero cosas como el tamaño o posición de la luna y las estrellas, etc., son cosas que la mente humana puede llegar a conocer y aquí es importante aceptar los hechos de la verdadera situación, sea cual sea.

Cuando investigamos ciertas medidas y descripciones que existen en nuestros textos, encontramos que no se corresponden con la realidad. En tal caso debemos aceptar la realidad, y no la explicación literal. Esta debe ser la actitud básica.

Si algo está en contradicción con el razonamiento o si después de investigar se encuentra que es erróneo entonces no puede ser aceptado. Por ejemplo, si algo se experimenta directamente por los sentidos, entonces no hay problema, no hay duda de que debemos aceptarlo.

En los textos se exponen muchas teorías cosmológicas diferentes. Creemos que existen billones y billones de mundos, de la misma manera que la ciencia occidental acepta que existe un ilimitado número de galaxias. Esto se menciona muy claramente en los textos, aunque el tamaño y la forma puede que no sean los mismos. Puede que sean distintos. Por ejemplo, en las escrituras se cita el Monte Meru. Se afirma que es el centro de la tierra. Pero si estuviera aquí según la descripción de las escrituras, tendría que ser hallado. Por lo menos deberíamos tener alguna indicación de que está aquí, pero no es así. Por lo tanto debemos seguir una interpretación distinta de la literal.

Si aun hay Maestros que mantienen la interpretación literal, entonces es asunto suyo. No hay necesidad de discutir con ellos. Vosotros podéis ver las cosas según vuestra propia interpretación y ellos pueden ver las cosas según les parezca.

En cualquier caso, estas son cuestiones básicamente sin importancia. El fundamento de las enseñanzas son las cuatro nobles verdades y lo que tienen que decir sobre la naturaleza de la vida, sobre la naturaleza del sufrimiento, sobre la naturaleza de la mente. Estas son las enseñanzas básicas, esto es lo más importante, lo que tiene relevancia para nuestras vidas. Que el mundo sea cuadrado o redondo no tiene importancia, con tal de que sea un lugar pacífico y agradable.

PREGUNTA: Puede Su Santidad comentar sobre el poder de lugares sagrados como Bodh Gaya. ¿Qué hace que las actividades virtuosas realizadas aquí sean más poderosas y dignas de más mérito?

SU SANTIDAD: El hecho de que santos y practicantes espirituales avanzados estén y practiquen en ciertos lugares hace que el medio ambiente y la atmósfera del lugar cambie. El lugar adquiere cierta energía de la persona. Luego, cuando otra persona, sin tanta experiencia o desarrollo espiritual, llega y se queda en semejante lugar practicando, puede obtener ciertos tipos especiales de experiencia, aunque por supuesto la motivación correcta y ciertas fuerzas kármicas deben estar presentes en la persona como factores que contribuyen a que suceda tal experiencia.

Según las enseñanzas tántricas, en estos lugares importantes hay seres no humanos, como dakinis, los cuales tienen cuerpos mucho más sutiles que los humanos. Cuando grandes practicantes espirituales permanecen en estos lugares meditando y realizando rituales, dichos sitios se vuelven familiares a seres como dakas y dakinis. Como muestra, algunas veces se puede sentir un ruido o un olor poco común, (que no parece tener ninguna razón de ser). Esta es la forma en que algunos seres superiores y que tienen más realizaciones espirituales, viven o circulan por la zona. Esto también puede actuar como un factor que influencie el que dicho lugar sea considerado especial.

Estamos seguros, con respecto a Bodh Gaya, que el Buda eligió este lugar por razones particulares. Debido al poder de sus oraciones, posteriormente, cuando sus seguidores vienen a este lugar, sienten algo especial, por lo tanto, el poder de la oración de Buda puede ser también uno de los factores.

Quizás debemos tener en cuenta, también, factores psicológicos humanos. Por ejemplo, los budistas mahayana creen firmemente en Buda Shakyamuni, Nagarjuna, etc. En lo que a mi respecta, creo firmemente en todos estos grandes seres: Buda, Nagarjuna, Arya Asanga, etc. Así que cuando te encuentras en el lugar donde estos seres nacieron o vivieron, experimentas algo. Si utilizas estas sensaciones de forma correcta, está bien, no hay nada malo en ello.

PREGUNTA: ¿Puede Su Santidad decir algo sobre el proceso de abrirse al Maestro interno y también sobre el Maestro absoluto?

SU SANTIDAD: En general, se afirma que hay un Maestro interior, un Maestro exterior y un Maestro secreto. Así está expuesto en distintos textos, aunque existen algunas pequeñas diferencias en la forma en que son interpretados estos conceptos en las cuatro órdenes principales del budismo tibetano, nyigma, kagyu, sakya y guelug. También, existen diferencias en la forma en que las distintas escuelas exponen los cuatro tipos de Mandalas: externo, interno, secreto y de la realidad (tib: *de kho na nyid*).

El Maestro interno o interior es la consciencia más sutil y profunda del Maestro. La consciencia más sutil y profunda de nuestro Maestro es exactamente igual que nuestra propia consciencia más sutil y profunda. ¿Cuál es la diferencia entre ellas dos? El Maestro utiliza esta consciencia sutil en su práctica y la experimenta, en realidad, conscientemente. Dicha consciencia se transforma en una forma de sabiduría. Cuando estamos a punto de morir o perdemos el conocimiento, nosotros también experimentamos esta consciencia sutil. Y aunque esta consciencia está allí presente, no nos damos cuenta o no somos conscientes de ella. Por lo tanto el verdadero Maestro, el Maestro interior, es esta consciencia que existe dentro de nosotros. Es también el protector interior, el verdadero y absoluto refugio. La experiencia de este estado es el verdadero Maestro, el verdadero protector, y el verdadero Dharma. Así pues, existe el Maestro interior.

Ahora bien, la manifestación de esta consciencia en la forma de un cuerpo humano es lo que llamamos el Maestro exterior. En cuanto al Maestro secreto, es el método o forma especial que nos hace ser conscientes de esta consciencia. Esto incluye la meditación en los canales sutiles y en las venas. Incluye también las meditaciones de la respiración, la generación de gozo y el calor interno. Podemos llamarlos el Maestro secreto porque a través de estas técnicas llegamos a realizar el Maestro interior. Algunas veces esta conciencia sutil es llamada "Maestro interno" y otras veces, "el Maestro absoluto". En cualquier caso los dos términos son sinónimos.

Según los sutras y la escuela madhyamika, "lo absoluto" se refiere a sunyata, la vacuidad. Sin embargo, en los tantras del mahanutarayoga, la palabra "absoluto" tiene dos significados. Se puede referir a sunyata o a este tipo especial de consciencia sutil (y no a los niveles de consciencia ordinaria y burda). En su mayor parte, cuando estos textos aluden a "lo absoluto", no se están refiriendo a la consciencia ordinaria, sino a la consciencia que llamamos *rig pa*, la consciencia sutil más profunda y absoluta. Incluso, cuando los cinco sentidos no están activos, la consciencia sutil aun está allí, a pesar de estar dominada y abrumada por los sentidos.

Todos los sentidos son formas individuales de consciencia. La consciencia visual tiene como objeto el color, la forma, etc. La consciencia auditiva percibe los sonidos. Aunque todas ellas son diferentes, porque observan distintos objetos, tienen la misma naturaleza, la naturaleza de conocer. Pueden conocer gracias a medios distintos pero aún y así son de la naturaleza del conocimiento. Este aspecto que tienen en común lo llamamos *shes pa*, conocimiento. Ahora bien, *rig pa*, a la que podemos llamar "consciencia", esta consciencia sutil más profunda, también tiene la naturaleza del "conocimiento". Es también un "conocedor", exactamente como la consciencia visual es un "conocedor". Así, tanto la percepción más burda de las consciencias sensoriales como la más sutil, *rig pa* tienen la naturaleza del conocimiento. Son "conocedores". Los tipos de consciencia más burda llegan al conocimiento de algo gracias a la consciencia sutil. De esta forma la naturaleza básica del conocimiento, se debe a la existencia de la consciencia sutil. Incluso durante los momentos en que los órganos de los sentidos están muy activos, si confiamos en las instrucciones de un Maestro apropiado y experimentado, podemos separar las dos experiencias: la vía de la consciencia más burda, de la vía de la conciencia más sutil.

Sin embargo, estos puntos, son complicados. En primer lugar, los temas que se discuten son difíciles y si añadimos el hecho de qué el inglés del Dalai Lama es malo, esto produce en conjunto una situación difícil. Como veis, es realmente vergonzoso. Durante años he tenido que hablar con mi propio inglés pero nunca surge correctamente. De hecho, algunas veces, en vez de mejorar, en realidad, empeora.

PREGUNTA: Su Santidad, ¿de qué forma existe una consciencia individual? ¿Qué parte de la consciencia está aún presente después de la muerte? ¿Hay una disolución total de esta consciencia cuando se alcanza la Budeidad?

Su Santidad: La consciencia siempre estará presente, aunque una consciencia en particular puede cesar. Por ejemplo, la consciencia del tacto o corporal, que está presente en el cuerpo humano desaparecerá cuando el cuerpo deje de existir. Del mismo modo, las consciencias que están influidas por la ignorancia, por la cólera o por el apego, también cesarán. Más aun, también cesarán todos los niveles de consciencia burda. Pero la consciencia sutil más profunda, básica y absoluta, siempre permanecerá. No tuvo principio y no tendrá final. Esta consciencia siempre permanecerá. Cuando alcanzamos el estado de buda, esta consciencia se transforma en consciencia iluminada y omnisciente. Sin embargo, aun permanecerá como algo individual. Por ejemplo, la consciencia del Buda Shakyamuni y la consciencia del Buda Kasyapa son cosas individualmente distintas. Esta individualidad de la conciencia no se pierde tras alcanzar el estado de buda. No obstante, todas las mentes de todos los Budas tienen las mismas cualidades y en este sentido son iguales. Tienen la misma cualidad y al mismo tiempo preservan su individualidad.

Pregunta: ¿Qué piensa Su Santidad sobre el desarme nuclear unilateral?

Su Santidad: La meta final es la paz mundial absoluta a través de la paz mental. Sin embargo, existen muchos factores que deben tenerse en cuenta. Un determinado acercamiento puede ser mas apropiado para unas circunstancias que para otras. Esta es una cuestión muy complicada que nos obliga a estudiar la situación en este momento particular. Debemos tener en cuenta también los motivos del contrario, motivación, etc. Siempre debemos tener presente que todos queremos felicidad, sin embargo, la guerra sólo trae sufrimiento, esto está muy claro. Incluso aunque seamos los vencedores, la victoria significa el sacrificio de mucha gente y sufrimiento. Así que lo importante es la paz. ¿Cómo podemos lograr la paz? ¿Es a través del odio, la competición extrema, a través de la ira? Es evidente que por estos medios es imposible lograr cualquier forma de paz mundial estable. Por lo tanto, la única alternativa para lograr la paz mundial es a través de la paz mental, a través de la calma mental. La paz mundial se alcanza gracias a un sentido de hermandad basado en la compasión. Una verdadera y auténtica realización de la unidad de todo ser humano es importante. Definitivamente, es algo que necesitamos. Allí donde voy siempre expreso estas creencias.

PREGUNTA: Algunas veces los monjes y monjas occidentales encuentran difícil llevar los hábitos en occidente. Frecuentemente se nos mira como seres extraños. ¿Recomienda Su Santidad llevar los hábitos en los países no budistas?

SU SANTIDAD: Si podéis llevar los hábitos sin molestar a los demás, por supuesto es mejor llevarlos. Sin embargo esto debe ser considerado según los casos y circunstancias particulares. Sin embargo, en algunos casos, puede ser difícil.

Fundamentalmente, como practicantes, debemos permanecer en la sociedad, ser buenos miembros de la sociedad en la cual vivimos. La posición básica es esta; si la sociedad tiene hacia nosotros una actitud negativa, no es bueno ni para vosotros ni para la sociedad. Si es por esta razón por la que uno decide no llevar los hábitos, si no es conveniente, es mejor no llevarlos en estas circunstancias. Si las circunstancias llegan a cambiar, entonces cambiad vosotros también. Puede que la sociedad misma gradualmente cambie sus actitudes. Occidente es una sociedad donde el budismo nunca floreció, pero esto está cambiando. Creo que actualmente, a diferencia de lo que ocurría treinta años atrás, cuando un monje viaja en algún vuelo internacional, es reconocido como tal. El tiempo pasa y, gradualmente, las cosas van cambiando. En realidad, lo importante no son nuestros vestidos, sino nuestra conducta de diaria.

Bien, muchas gracias a todos. Hoy no tenemos más tiempo, sin embargo me siento muy feliz de haber compartido estos momentos con vosotros. Todos hemos venido de diferentes partes del mundo e incluso puede que tengamos creencias distintas, sin embargo todos tenemos la misma mente humana. Cuando descendemos al nivel de las cualidades humanas básicas todos somos iguales, no existen diferencias. Sin embargo, a escala superficial, existen muchas diferencias. Si alcanzamos el nivel más profundo, entonces veremos que todos los seres humanos somos hermanos. No existen barreras entre nosotros. Todos queremos felicidad y nadie desea sufrimiento, así que todos tienen el derecho de lograr una felicidad estable. Por lo tanto debemos compartir nuestro sufrimiento y ayudarnos unos a otros. Si no podemos ayudar a los demás, al menos no los dañemos. Este es el principio más importante. No importa si creemos o no en la próxima vida, o si creemos o no en Dios. Lo que sí es importante es que vivamos pacíficamente y en calma, con un verdadero sentido de la hermandad. Esta es la forma de lograr la verdadera paz mundial, o al menos una comunidad pacífica. Muchas gracias.

Pregunta: La noción cristiana de Dios es que se trata de un ser omnisciente, totalmente compasivo, todo poderoso y creador. La noción budista de Buda es igual, excepto que Él no es creador. ¿En qué medida existe el Buda como algo separado de nuestra mente, tal y cómo creen los cristianos que existe Dios?

Su Santidad: Hay dos formas de interpretar esta pregunta. La pregunta general es si Buda es algo separado de la mente. Ahora bien, en un sentido, esto sería preguntar si el Buda es o no un fenómeno designado o etiquetado por la mente, y por supuesto en este sentido hay que decir que todo fenómeno es algo etiquetado por el nombre y pensamiento conceptual. El Buda no es un fenómeno separado de la mente porque son nuestras mentes las que lo designan o etiquetan por medio de la palabra y del pensamiento conceptual.

En otro sentido, la pregunta podría referirse a la relación del estado de buda con nuestras mentes, y en este sentido debemos decir que la Budeidad es el objetivo que tratamos de alcanzar. El estado de buda es el objeto del refugio resultante. Nuestras mentes están relacionadas con el estado de buda (no están separadas de la Budeidad) en el sentido de que dicho estado es algo que alcanzaremos gradualmente a través de la purificación de nuestras mentes. Y el Buda que llegaremos a ser será una continuidad de nosotros mismos, pero diferente de Buda Shakyamuni, por ejemplo. Serán dos personas diferentes. No podemos alcanzar la Iluminación de Buda Shakyamuni, porque esto es su propio asunto individual.

Si la pregunta es, si nuestras mentes están o no separadas del estado de buda, y si interpretamos que la Budeidad se refiere a la pureza esencial de la mente, entonces por supuesto esto es algo que poseemos incluso ahora. Incluso hoy, nuestra mente posee la naturaleza de pureza esencial, llamada la "naturaleza de buda". Para ser exactos lo que denominamos "naturaleza de buda" es nuestra mente de luz clara.

PREGUNTA: Cuando se crea mérito debemos admitir que los cristianos crean tanto mérito como los budistas, por lo tanto toda fuente de mérito no puede residir solamente en el objeto, por ejemplo, Buda o Dios, a los cuales se les hace las ofrendas. Esto me lleva a pensar que dicha fuente está en nuestra mente. Por favor, ¿puede hablar sobre esto?

SU SANTIDAD: Lo más importante es la motivación, pero probablemente existe alguna diferencia en relación con el objeto al que se le hace la ofrenda. La motivación pura debe basarse en el razonamiento, es decir debe ser certificada por la percepción válida y no ser errónea. Sin embargo, no hay duda que la cuestión principal es la motivación.

Cuando generamos gran compasión tomamos como objeto a los seres conscientes. Sin embargo no se debe a ningún aspecto de los seres en sí, que esa gran compasión hacia todos ellos sea especial. El que la gran compasión sea especial no se debe a ninguna bendición por parte de los seres conscientes. No obstante, cuando meditamos en la gran compasión, generándola en nuestros corazones, sabemos que el resultado que produce es una cantidad inmensa de beneficio. Sin embargo, esto no se debe en absoluto a nada del lado de los seres, objeto de la gran compasión. Es sencillamente debido a que pensamos en la amabilidad de los seres conscientes que generamos dicha compasión y así es como surge el beneficio, pero no es debido a la bendición (o algo inherente) de los seres. Por lo tanto, desde el punto de vista de nuestra propia motivación puede resultar una gran cantidad de beneficio.

De la misma forma, cuando tomamos a Buda como objeto, si nuestra motivación está basada en la fe, en una fuerte fe, y si hacemos ofrendas, el resultado es un gran beneficio. Aunque es necesario un objeto conveniente, es decir, la fe en un objeto con unas buenas cualidades ilimitadas, lo más importante es nuestra motivación, es decir, una fe profunda. Aún y así probablemente existe alguna diferencia en lo que respecta a la clase de objeto al que se le hacen estas ofrendas.

Si los seres conscientes no existiesen, no podríamos tomarlos como objeto y así no podría surgir la gran compasión. Desde esta perspectiva, el objeto es muy importante. Si no existiera el sufrimiento en los seres conscientes, la compasión nunca podría surgir. Así que desde este punto de vista, el objeto, los seres conscientes, es muy importante.

PREGUNTA: los conceptos surgen en la mente sin cesar. Por favor, ¿podría explicar cómo meditar para liberar la mente de los conceptos?

SU SANTIDAD: en lo que se refiere al cese de los conceptos, cuando la mente está estabilizada en un solo punto sobre un objeto, en este momento, cierto tipo de conceptos o ideas falsas cesan. No pueden surgir. Pero esto no es nada más que cerrar la puerta de los conceptos, porque tan pronto como salimos de este estado los conceptos vuelven a aparecer. Los conceptos están esperando al otro lado de la puerta, y cuando la abrimos, entran rápidamente. Como mucho, no es mas que un alivio temporal. Es como tomar una aspirina para el dolor de cabeza. Para cortar los conceptos erróneos desde su raíz, totalmente, el método consiste en cultivar la sabiduría, específicamente comprender la vacuidad. Es decir, meditar en la vacuidad.

Incluso aunque los arhats sravakas y pratyekabuddhas han eliminado todas las emociones aflictivas o *klesas* aún tienen conceptos erróneos dualistas. Del mismo modo incluso en el mahayana, los bodhisatvas que están en el octavo, noveno y décimo nivel, también se han liberado de las emociones aflictivas, pero aún tienen conceptos. Por lo tanto hasta que se alcanza el estado de buda, exceptuando cuando se está en el equilibrio meditativo sobre la vacuidad, el resto del tiempo existen conceptos dualistas. Hasta obtener el estado de buda se alternan los períodos de meditación y período subsiguiente a la meditación, después otro período de meditación y así sucesivamente. Hasta que se alcanza el estado de Budeidad, nos encontramos bajo la influencia de los oscurecimientos del conocimiento, que se refiere específicamente al oscurecimiento que nos hace ver las dos verdades como de naturalezas distintas. Esta es la exposición según el sistema del sutra.

De acuerdo con la explicación en el tantra, y en concreto, según el *tantra de Guhyasamaja*, hasta el punto en que se llega a alcanzar la luz clara más sutil, aun se sufre de las apariencias dualistas. Pero cuando uno mora en la luz clara más sutil, en este momento las cosas dejan de ser duales. Cuando se logra eliminar los oscurecimientos al conocimiento, es decir, aquellos elementos que bloquean el conocimiento de todo fenómeno, entonces se termina la apariencia de que las dos verdades tienen una distinta naturaleza. Las dos verdades ya no aparecen mas como teniendo una naturaleza distinta y cuando esta mancha, que aprehende las dos verdades como si fuesen de naturaleza verdadera, cesa, entonces sin tener que dejar de percibir el sujeto (por ejemplo, una silla), se puede percibir directamente su naturaleza última o vacuidad. Podemos ver como durante dicho estado meditativo sobre la vacuidad, el sujeto se percibe directamente. Así a partir de este momento, la mancha de apariencia dualista es destruida desde la raíz y se puede decir que después de este punto todos los conceptos cesan. Durante dicho estado meditativo sobre la vacuidad, los fenómenos convencionales son percibidos directamente. La misma mente que percibe la vacuidad directamente percibe, también directamente, los fenómenos convencionales. En ese instante no existe el pensamiento conceptual. Este es un punto muy difícil de entender.

La palabra "concepto", en tibetano *tog pa*, puede tener diferentes significados. Por ejemplo, existen conceptos erróneos, *log rtog*, que se aferran a una existencia verdadera, *bden dzin gyi rtog pa*, etc. Son cosas que tienen que ser eliminadas porque perjudican al individuo. Sin embargo, en un sentido la palabra "concepto" no es negativa. La apariencia de fenómenos convencionales es un buen ejemplo. Los conceptos acerca de los fenómenos convencionales, no son cosas que nos dañan o nos causan interferencias. Por lo tanto tenemos que ser conscientes de que existen estas connotaciones distintas de la palabra "concepto". Normalmente tenemos conceptos como: "esto es así", o "aquello es así". Este tipo de conceptos no nos perjudica de ninguna forma.

PREGUNTA: por favor, ¿podría dar razones de por qué la consciencia mental no es la persona?

SU SANTIDAD: con relación a los principios filosóficos budistas, hay escuelas que aceptan que la consciencia es la persona. Por ejemplo, el Acharya Bhavaviveka acepta esta posición. Él es un gran madhyamika ¿no es verdad? Incluso mira un poco por encima del hombro al Acharya Budhapalita, y es considerado como uno de los más antiguos seguidores del protector Nagarjuna.

Después del Acharya Budhapalita, vino el Acharya Chandrakirti, que era un prasangika. Según la escuela prasangika, la consciencia es "aquello que puede conocer". Es el "conocedor". Si postulamos que la consciencia es el "yo", entonces solo tendría sentido el postular la consciencia más sutil como el yo, o un ejemplo del yo, lo cual querría decir que solo la consciencia más sutil tal y como se expone en los tantras, sería el candidato adecuado. No tiene sentido el postular los niveles burdos de la consciencia como el yo porque en estados tales como la absorción meditativa del cese de consciencia, dichos niveles burdos de la consciencia cesan. Por esta razón, algunos aceptan el *alayavijñana*, o la consciencia básica, como el yo, porque cuando cesan los niveles burdos de la consciencia, el *alayavijñana*, la consciencia básica no cesa. Por lo tanto, ven la necesidad de poner a un lado una consciencia que sea más sutil que los otros niveles burdos y que subsista incluso cuando estos niveles burdos cesan. Declaran que este nivel sutil, la consciencia básica, es el yo. Así, lógicamente, si postulamos una forma de consciencia como ejemplo del yo, como siendo el yo, entonces solo tiene sentido decir que es la consciencia.

Esta entidad, este fenómeno, que está implicado en la acción de "conocer", y que tiene la naturaleza del conocimiento, esto es lo que se llama "consciencia". Si afirmamos que esta consciencia es el yo, habría que concluir absurdamente, que el actor y la acción, el ejecutor de la acción y la acción en sí misma serían idénticos. Basándose en la acción de "conocer", utilizamos expresiones como "yo conozco". Por lo tanto si el yo no fuera distinto del "conocer", expresiones como "yo conozco", carecerían de sentido, ¿no es así?

Además, si la consciencia se postulara como ejemplo del yo, entonces cuando buscamos el objeto designado, el yo, habría algo que podría ser hallado ¿no? Y eso no es posible

Principalmente el argumento es como antes: que en expresiones convencionales como "mi cuerpo", "mi palabra", "mi mente", etc., nos damos cuenta de que en estas expresiones hay implícito un experimentador o poseedor, que es el yo, y que utiliza lo que posee los cinco agregados, incluyendo la consciencia. La consciencia pues es lo que pertenece o usa el yo y por lo tanto no es el yo. Probablemente hay mucho más que decir al respecto, pero por el momento esto es lo que se me ocurre.

PREGUNTA: Si el propio Maestro es criticado y despreciado por otra gente y uno no encuentra falta en él, ¿hay alguna razón para perder la fe en este Maestro?

SU SANTIDAD: Este es un asunto complicado, un problema difícil. Antes de aceptar a alguien como tu Lama o Maestro, es necesario analizar cuidadosamente. Es posible recibir algunas enseñanzas de otras personas sin reconocerlos como nuestros Maestros. Simplemente se los puede considerar como amigos del Dharma y aprender de ellos. Sin embargo, no es posible recibir iniciaciones de ellos a menos que se los considere Maestros. Podemos recibir algunas enseñanzas generales de alguien sin que sea considerado, necesariamente, nuestro Maestro.

Antes de crear una conexión dhármica con alguien, es necesario oír o juzgar correctamente. Es preciso examinar y analizar las cosas bien. Sin embargo, una vez que se ha tomado alguna Iniciación de algún Maestro entonces es cuando se establece la conexión Maestro-discípulo. Aunque más tarde uno piense que fue un paso demasiado precipitado, la conexión ya ha sido establecida. Así que a partir de este momento es mejor no escuchar las críticas y en cambio seguir sencillamente el propio camino sin escuchar las pretensiones despreciativas que son hechas sobre el Maestro. En su lugar, lo mejor es tener una actitud neutral.

Por otra parte, es posible hacer una distinción entre la fe de uno en el Maestro y aún así reconocer el hecho de que él pueda tener ciertos defectos. Por ejemplo, al recibir ciertas enseñanzas de Dharma de un Maestro, ya debe convertirse en fuente de respeto y fe para nosotros. Es un hecho que no hace falta ni discutir. Sin embargo, si en las actividades diarias nuestros Maestros muestran ciertos defectos, entonces es necesario aceptar el hecho de que los tienen. Si los tienen, debemos reconocerlos como tales. Sin embargo, esto no debería afectar al hecho de tener gran fe y devoción en ellos, ya que son la fuente de nuestro conocimiento de las enseñanzas del Dharma. Esta forma de crítica nunca puede destruir la devoción o fe que tenemos en aquellos Maestros que son nuestra fuente del Dharma. Es posible pues tener este tipo de actitud más realista en la que reconocemos e identificamos los defectos de nuestros Maestros y al mismo tiempo tenemos gran respeto y fe en ellos. Sin embargo, en general, lo mejor es ser prudente antes de ir a recibir enseñanzas de alguien.

PREGUNTA: Un famoso maestro de vipasana de la tradición theravada ha dicho que para alcanzar la Iluminación, los mantras son inútiles. Posiblemente estimulen los *chakras* y provoquen sensaciones de dicha, pero para alcanzar la total Iluminación, son inútiles. Si meditamos con mantras es fácil pasar horas sin muchas preocupaciones, porque la mente está distraída. También dijo que las visualizaciones no nos llevan a la Iluminación, porque con ellas creamos una ilusión y transformamos esa fantasía en parte de nosotros mismos. Por lo tanto, estamos añadiendo ilusión tras ilusión sin llegar a comprender la realidad. Mi pregunta es, desde el punto de vista del *mantra secreto*, es decir, del tantra, ¿cuáles son los beneficios y el propósito de la visualización y recitación de mantras?

SU SANTIDAD: Esta es una excelente pregunta que, de hecho, ya fue suscitada antiguamente por grandes eruditos en la India. Ahora bien, a veces la palabra "mantra" se entiende únicamente como la repetición de mantras, pero este no es el verdadero significado en el tantra. Así que, de momento, dejemos esto de lado y enfoquémonos en el significado raíz o verdadero del tantra, es decir, aquello en lo que en realidad se medita en el tantra.

Con respecto a esto, el Acharya Buddhajñana suscita la cuestión siguiente. Dice que aparte del concepto erróneo que es la aprehensión de la existencia verdadera, no hay nada más que sea la raíz del samsara. Él dijo, que el antídoto que puede cortar la raíz del samsara debe ser una mente que se oponga, que esté en desacuerdo con esta aprehensión de la existencia verdadera. Esta mente que actúa como un antídoto, algo que elimine de raíz el samsara, debe tener como objeto algo que contradiga, o que se oponga al objeto del aferramiento a la autoexistencia. Por lo tanto, como antídoto a la raíz del samsara, el aferramiento a la autoexistencia, es necesario aplicar una mente que tenga como objeto la antítesis de esto, es decir, la ausencia de autoexistencia. Entonces se presenta la objeción de que en el estado de generación cuando se medita en el cuerpo de una deidad, este prerrequisito no se cumple, es decir, que el yoga de las deidades por si sola no nos puede llevar a una comprensión o realización de la ausencia de entidad autoexistente, y que por lo tanto la meditación del estado de generación, la meditación tántrica, no puede cortar la raíz del samsara.

A esta objeción el Acharya Buddhajñana respondió de la siguiente forma. Señaló que en la meditación o visualización de deidades, la comprensión de la vacuidad está, efectivamente, incluida. La meditación tántrica incluye la realización de la vacuidad. ¿Por qué? Porque se toma el cuerpo de la divinidad como objeto percibido, o como objeto de referencia, pero se percibe dicho cuerpo bajo el aspecto o cualidad de la falta de esencia intrínseca. Por ejemplo, cuando se medita en la vacuidad de un brote, el brote es el objeto referente y la vacuidad es el aspecto o cualidad. Del mismo modo, en este caso el cuerpo de la deidad es el objeto de referencia y el aspecto es la vacuidad. Se medita sobre aquel cuerpo que tiene la cualidad de la vacuidad.

¿Cuál es la diferencia entre la mente que realiza la vacuidad del brote y la que realiza la vacuidad del cuerpo de la deidad durante la visualización? En el primer caso, el objeto, es decir, el brote, es algo que ocurre dependiendo de ciertas acciones y causas. Es un objeto externo. En el segundo caso, sin embargo, el cuerpo de la deidad es algo que es simplemente creado en la mente del yogui. El brote es una cosa objetiva. La divinidad es solo una visualización. Esta es la diferencia. Ahora bien, el aspecto en ambos casos es el mismo: la vacuidad, la ausencia de existencia verdadera. Debido a que los objetos son distintos, el brote y la visualización del cuerpo de la deidad, hay una diferencia en cuanto al grado de dificultad en comprobar la vacuidad de estos dos objetos. Por ejemplo, también hay una diferencia en el grado de dificultad entre llegar a la comprensión de la vacuidad de la persona y la vacuidad de los agregados (el primero es más fácil de comprender).

Durante el proceso que lleva a comprender la vacuidad del brote, la apariencia del brote en sí comienza a desaparecer cuando se comprende su vacuidad, hasta que finalmente, cuando uno llega a comprender la vacuidad del brote, su ausencia de existencia inherente, el brote en sí no aparece en absoluto. Sin embargo, en el caso del tantra, se hace un esfuerzo especial, para que el objeto de referencia, el cuerpo de la divinidad, no desaparezca cuando se realiza su cualidad, la vacuidad. Por lo tanto, en el caso del tantra, cuando logramos ver la existencia no verdadera o no inherente del cuerpo de la deidad, en ese momento dicho cuerpo no desaparece, si no que permanece. En el caso del tantra hay que hacer un esfuerzo especial para preservar no solo la realización de la vacuidad del cuerpo de la deidad, sino también su apariencia misma. En el caso del brote, es decir, en el caso no tántrico no es necesario hacer semejante esfuerzo para preservar la apariencia del brote. De hecho, aquí no hay necesidad de preservar esta apariencia, pero hay una razón para intentar preservar la apariencia del cuerpo de la deidad a la vez que se afirma su vacuidad. La razón es la siguiente.

En general, hay dos acumulaciones en el sendero espiritual: la acumulación de mérito y la acumulación de sabiduría. Para obtener la Omnisciencia, es necesario obtener tanto el *Rupakaya*, o cuerpo de forma, como el *Dharmakaya*, o cuerpo fenoménico. Por esto, es necesario completar las dos acumulaciones de mérito y sabiduría. En el vehículo del sutra, cuando tomamos el cuerpo o el estado de buda como objeto y nos postramos ante él, acumulamos mérito. El cuerpo de Buda sirve como un objeto de nuestras postraciones, en este mismo momento puede aparecer como si fuera una ilusión, pero no podemos afirmar la carencia de existencia verdadera con relación a la imagen, porque tan pronto como esto es afirmado, la apariencia de la imagen de Buda desaparecerá. En el sistema del sutra es imposible percibir la carencia de existencia verdadera de un objeto al mismo tiempo que generamos mérito con relación a dicho objeto. Así la generación de mérito y sabiduría son dos acciones que se llevan a cabo de modo separado. Utilizan dos mentes distintas. Sin embargo, en el tantra, una sola mente realiza ambas acciones. Al tomar el cuerpo de la deidad como objeto de referencia, logramos acumular mérito. Al mismo tiempo, al realizar que la cualidad de este cuerpo es la vacuidad, la carencia de existencia verdadera, acumulamos sabiduría. Ambos se alcanzan simultáneamente.

Hay una diferencia adicional en la medida en que la imagen de Buda, en el primer caso, es un objeto material externo, mientras que el cuerpo de la deidad en el caso tántrico es algo creado o imaginado en la mente del yogui que hace la práctica tántrica. De hecho, según el lenguaje común, se puede casi decir que la imagen visualizada no es un objeto verdadero. En cualquier caso, la imagen visualizada es más sutil.

Cuando visualizamos una deidad no se trata de algo hecho al azar, sino que el cuerpo de la deidad se genera desde la esfera de la vacuidad. Y esto quiere decir que al principio se medita en la vacuidad lo mejor que se puede, según la propia capacidad, y desde esta esfera de la comprensión de la vacuidad, se visualiza el cuerpo de la deidad.

Estas son las principales razones de cómo y por qué la práctica de la vacuidad está contenida dentro de la vía tántrica, y por qué el vehículo del tantra posee la capacidad de destruir la raíz del samsara. En el sutrayana, hablamos de la sabiduría que se obtiene a través del método, o bien del método que se obtiene o comprende a través de la sabiduría. Pero en la vía tántrica, una sola mente realiza ambos simultáneamente: la acumulación de mérito y de sabiduría. Por lo tanto en el tantra, no hablamos de sabiduría que comprende mérito o mérito que comprende sabiduría, sino simplemente, de una mente que realiza ambas. Si examinamos y experimentamos estos puntos nosotros mismos entenderemos la diferencia entre el sistema de meditación del sutra y del tantra.

Desde otro punto de vista, también hay diferencias en el sutrayana y el tantrayana en la medida en que con este último es posible alcanzar los cuatro tipos de realizaciones extraordinarias, tales como los poderes de pacificar, incrementar, controlar y destruir. Por medio de la visualización de la deidad y su mandala, se pueden lograr ciertas realizaciones tales como longevidad, incrementar la sabiduría, etc.

Hay también una diferencia entre el sutra y el tantra relacionada con la calidad de la concentración en un solo punto. En el caso especial del mahanutarayoga tantra, hay una forma de meditación sobre los aires, las venas, etc. En el sistema de las perfecciones, es decir, en el sutra, vipasana se considera una forma de meditación estrictamente analítica, mientras que samatha o permanencia apacible se considera una forma de meditación unipuntualizada. Pero en el sistema del mahanutarayoga, debido a que hay diferencia en lo que se refiere al método de meditación, simplemente por medio de la concentración se puede alcanzar vipasana. En el sistema de mahanutarayoga tantra, es posible alcanzar vipasana simplemente por medio de la concentración en los aires y los canales. ¿Por qué? Normalmente a no ser que se analice un objeto no se ve con claridad. El objetivo de analizar algo es para que se vuelva más claro. En el tantrayana, por medio de meditar en los aires y los canales, la mente se vuelve más y más sutil e incluso sin el análisis, el objeto de la mente se vuelve más y más claro, y por lo tanto incluso sin investigación, simplemente a través del método de concentración en un momento dado, se puede alcanzar vipasana.

Hoy en día, no son muchos los que hayan logrado resultados, sin embargo unas pocas personas han practicado según estos principios y los han podido verificar. Como veis, ha sido probado. Esta ha sido una pregunta muy importante.

Pregunta: Cuando los amigos no budistas o los propios padres sienten curiosidad por saber el propósito o razón por el que uno pasa el tiempo estudiando o en retiro en lugar de estar involucrado "en el mundo". ¿Cuál cree Su Santidad que es la mejor forma de razonamiento que se puede utilizar para ayudarles a comprender algo que posiblemente encuentran incomprensible?

Su Santidad: Creo que depende de cada caso en particular. Hay que considerar cada situación concreta. Si los padres son de naturaleza religiosa, se les puede explicar de una cierta forma. Si no lo son, si sólo piensan en términos de valores materiales, si tienen una perspectiva materialista de la vida, entonces, por supuesto, es necesario darles una explicación distinta. En cualquier caso, creo que vosotros sabéis cómo responder a esta pregunta (señala a los monjes occidentales).

Pregunta: Si alguien quiere tomar los preceptos mahayana en occidente, ¿las reglas son fijas o no son más que un entrenamiento para la mente? Por ejemplo, ¿puede tomarse el almuerzo a la una de la tarde? ¿Es posible seguir los preceptos si uno tiene que tomar el almuerzo a esta hora? ¿Hay que tomar los ocho preceptos, o pueden tomarse solo los que se quieran? ¿Es el tabaco un intoxicante? ¿Qué tipo de comida no está permitido comer?

Su Santidad: Con relación a cuándo está permitido tomar comida, generalmente es cuando la posición del sol llega a su cenit, dondequiera que uno se encuentre. La norma de comer antes de las doce del mediodía, significa que se debe comer antes de esa hora. Si, después de que se hayan tomado los preceptos, uno no puede comer antes de esa hora, entonces no se puede hacer nada. Si al principio se toman los votos, pensando que se pueden mantener, y por cualquier circunstancia excepcional no se puede comer antes de las doce, ¡entonces no se puede hacer nada! Si uno piensa, "definitivamente comeré antes del medio día", pero debido a algún contratiempo no es posible, entonces uno mismo tiene que permitirse una excepción.

En general, hay que abstenerse de todo tipo de intoxicantes, y aunque no se mencione específicamente, del tabaco. Es preferible no fumar durante todo este tiempo. Así que es mejor seguir un término medio, analizando las circunstancias concretas de cada uno. Si uno no puede estar sin fumar ni un cigarrillo al día, si el no fumar hace que se sienta incapaz de pensar o actuar, entonces es mejor fumar, ¿no es así? Si con una sincera motivación, (el deseo de mejorar la práctica durante ese día) uno ha de fumar, entonces está bien fumar solo uno o dos cigarrillos. Lo importante es ver el resultado o valor de nuestras acciones.

En el budismo no existen absolutismos. Por ejemplo, aunque una acción sea negativa, bajo determinadas circunstancias puede que sea necesario llevarla a cabo. Si por alguna razón no se puede practicar de forma más extensa, entonces es necesario hacer una excepción. Por ejemplo, los budistas creemos que matar es muy negativo. Creemos en la no-violencia al cien por cien. Ahora bien, existen muchos grados y niveles distintos de violencia y no-violencia. El mostrar bondad con una motivación negativa no es bueno. Si el propósito o aspiración final es engañar a alguien, el mostrar bondad con segundas intenciones es uno de los actos más nefastos. Esta es una de las formas de violencia más negativa. Por otra parte, si con buena motivación, para impedir que alguien haga daño, se actúa de forma brusca, violenta o incluso brutal, aparentemente es violencia, pero en último término es permisible.

Bajo circunstancias variables pues estas reglas pueden cambiar. Uno de los principios que no se debe cambiar bajo ninguna circunstancia es el principio de ayudar a los demás, aunque la forma de hacerlo variará según estemos ante unas circunstancias u otras. En general, el día que se toman los preceptos mahayana hay que tomar comida vegetariana, absteniéndose de los productos cárnicos.

PREGUNTA: Para realizar la verdad que Buda explicó, ¿es necesario estar en retiro o se puede realizar trabajando para ayudar a la comunidad? Y, ¿cuál es la importancia relativa de ambos tipos de situación?

SU SANTIDAD: En general, si uno puede hacer ambos es lo mejor. Creo que ésta es la mejor forma práctica de hacerlo. Durante la mayor parte del año tenemos que vivir en sociedad y llevar una vida decente. Tenemos que vivir adecuadamente y ser personas honestas y sinceras. A la vez, hacer algún retiro durante una o dos semanas o tres meses y olvidar los asuntos mundanos y concentrarse únicamente en la práctica, creo que este es el mejor camino. No obstante, si alguien tiene una vocación especial para vivir como ermitaño, y tiene esta aptitud para practicar en soledad y puede hacer un esfuerzo especial para alcanzar un buen resultado, por supuesto que esta es una cuestión diferente. Entonces quizás valga la pena vivir totalmente aislado y poner toda la energía en la práctica. Pero esto es un caso excepcional y poco frecuente. De entre un millón de personas puede que haya uno o dos con este talento o vocación.

PREGUNTA: ¿Es la consciencia básica permanente e independiente? ¿Hay algo que sea permanente e independiente?

SU SANTIDAD: La consciencia es eterna, su continuidad nunca cesa. Pero no es permanente. La permanencia se refiere al hecho de que algo no cambia. Y la consciencia, por supuesto, cambia. En este sentido es impermanente, pero no obstante, es eterna porque la continuidad de sus instantes nunca cesa.

PREGUNTA: Cuando se medita en la consciencia, se puede penetrar o ir más al fondo de la consciencia, en lugar de ser, simplemente, consciente de ella?

SU SANTIDAD: En primer lugar es necesario comprender la naturaleza convencional de la consciencia y concentrarse en la mente nos puede ayudar a hacerlo. Una vez que esto está claro y bien establecido, entonces uno puede concentrarse en la naturaleza última de la mente.

PREGUNTA: ¿Es de fiar el protector Dorje Shugden?

SU SANTIDAD: Si Gyalchen (Dorje Shugden) es de fiar o no es una cuestión difícil de clarificar. No es algo que se pueda saber fácilmente. Sin embargo, parece que no es apropiado como protector. Así que lo mejor es olvidarse de él.

Los budistas no necesitan otros protectores aparte de Buda, Dharma y Sangha. Estos son los verdaderos protectores. Para relacionarnos con los llamados protectores airados, en primer lugar debemos alcanzar un nivel de desarrollo interior. Una vez que se tiene algún tipo de logro o estabilidad en la práctica yóguica, especialmente en el yoga de la deidad, y se ha establecido el orgullo de ser la deidad, entonces es cuando se pueden utilizar los distintos protectores y. Esta es la forma correcta. Pero de momento, las preguntas sobre los protectores no son muy útiles.

Pregunta: ¿Cómo se puede practicar la devoción hacia el Maestro, y cómo se pueden purificar las acciones negativas realizadas contra el propio Maestro?

Su Santidad: Un método común de practicar la devoción al Maestro es visualizar al propio Maestro y recitar su mantra (tib: *mtshan sngags*) o el mantra de cien sílabas (tib: *yig brgya*). Para purificar las acciones negativas acumuladas con relación al Maestro es bueno hacer postraciones recitando el *Sutra de Confesión de los Treinta y Cinco Budas*. Este es un sutra corto que ya ha sido traducido al inglés y es una práctica muy común. También se puede recitar y realizar la práctica de *Damtshig Dorje*. El mantra es *om ah prajnadhrika ha hum*. Es muy beneficioso recitar dichos mantras, pero creo que lo más importante es practicar sinceramente las enseñanzas generales del Dharma. Esta es la forma más importante de purificar las acciones negativas.

No es necesario considerar a alguien como el Maestro propio desde un principio, simplemente porque se han escuchado de esa persona algunas explicaciones sobre las enseñanzas. Es mejor observarle sencillamente como un amigo de Dharma. Se debe dejar pasar un tiempo y cuando uno cree que ya conoce a aquella persona bastante bien, entonces es cuando puede tomarla como Maestro sin ningún peligro de transgredir los compromisos que envuelven semejante relación. Cuando se tiene este tipo de confianza, entonces se puede dar el siguiente paso y tomarlo como Maestro. El propio Buda expuso bien claro en el *Sutra del Vinaya,* en los textos de mahayana, e incluso en el tantrayana, de una forma muy detallada, cuáles son las cualidades que debe tener un Maestro. Es por esto por lo que frecuentemente critico la actitud de los tibetanos de ver todo lo que dice el Maestro como bueno, de respetar cualquier cosa que haga desde un principio, sin el período inicial de observación. Por supuesto, si el Maestro está realmente cualificado, entonces tener semejante actitud es muy loable.

Tomemos como ejemplo el caso de Marpa y Naropa. A veces parece como si algunas de las cosas que Tilopa preguntaba a Naropa, o Naropa a Marpa no tuvieran sentido. Sin embargo estas preguntas tenían un sentido muy profundo. Debido a la gran fe y confianza que tenían en sus Maestros, Naropa y Marpa actuaban tal y cómo se les decía. A pesar del hecho de que parecían sin sentido, debido a que los Maestros eran cualificados, sus acciones eran de gran significado. En situaciones semejantes es necesario por parte de los discípulos respetar todas las acciones de los Maestros. Sin embargo esto no es el caso con la gente ordinaria. En general, creo que Buda nos dio una libertad total para escoger, analizando minuciosamente, a la persona que va a ser nuestro Maestro. Esto es muy importante. A menos que no se tengan dudas sobre ello, no se debe tomar a cualquiera como Maestro. Este examen preliminar es una medida de precaución.

PREGUNTA: Por favor, ¿puede hablar sobre las tres clases de sufrimiento?

SU SANTIDAD: Una clase de sufrimiento es como el dolor de cabeza o como la gripe: malestar en la nariz, ojos húmedos, etc. Incluye todos aquellos sufrimientos burdos mentales y físicos que en el lenguaje común normalmente llamamos "sufrimiento". Esta es la primera categoría.

La segunda categoría es cuando nos sentimos hambrientos y empezamos a comer, al principio nos sentimos muy contentos. Tomamos un bocado, después dos, tres, cuatro, cinco... finalmente, aunque se trata de la misma persona, la misma comida y el mismo período de tiempo, se empieza a encontrar la comida desagradable, y la rechazamos. Esto es lo que se llama el "sufrimiento de cambio". Prácticamente toda felicidad o placer mundano está incluido en esta segunda categoría. Comparándolas con otras formas de sufrimiento, al principio estas formas más sutiles de sufrimiento parecen agradables, parecen proporcionarnos cierta felicidad, pero no se trata de una felicidad profunda o verdadera, porque cuanto más nos familiarizamos con ellas, y cuanto más nos involucremos, nos traen más sufrimiento y preocupación. Esta es la segunda categoría.

En cuanto a la tercera categoría, creo que está bien decir que es nuestro propio cuerpo. Hablando en general, esto es lo que es. El cuerpo es el fruto de las aflicciones mentales, es un cuerpo originalmente creado por ellas. Debido a que el cuerpo es creado por dichas causas, su verdadera naturaleza es el sufrimiento. Actúa como base del sufrimiento. Esta es la tercera categoría.

Incluso los animales tienen el deseo de vencer la primera forma de sufrimiento. La segunda categoría de sufrimiento es algo que tanto budistas como no budistas tratan de vencer. Con la práctica de samadhi (concentración mental) y cierta forma de vipasana (visión superior), es decir, basándonos en una senda que posea ambos aspectos, es posible lograrlo. Samsara está dividido en tres reinos, el *kamadhatu* (reino del deseo), *rupadhatu* (reino de la forma) y *arupadhatu* (el reino inmaterial). El reino más bajo es el reino del deseo, después viene el reino de la forma, y finalmente el reino sin forma. Con samatha y cierta forma de vipasana que puede discernir entre estos diferentes reinos, que puede ver que los reinos inferiores son más turbios mientras los superiores son comparativamente más pacíficos, con esto y una meditación muy profunda acompañada de una gran cantidad de esfuerzo, se pueden crear las semillas kármicas para renacer en un reino superior.

En estos reinos superiores no existe el sufrimiento del sufrimiento y, sin entrar en otros detalles, permitidme solo decir que al pasar cierta etapa no existe el sufrimiento del cambio. En este punto, solo el sufrimiento más básico, la tercera categoría, existe. Mientras se permanezca en el samsara, la tercera forma de sufrimiento siempre estará presente. Solo cuando uno consigue liberarse de la tercera forma de sufrimiento es cuando se puede decir que se ha alcanzado el Nirvana. Dentro del budismo existen distintas ideas concernientes a este punto. Según las escuelas inferiores, puesto que el cuerpo mismo es la base del sufrimiento, mientras el cuerpo está presente, el sufrimiento también lo está. Según ellos, cuando Buda alcanzó la Iluminación en Bodh Gaya, venció dos demonios: los demonios dirigidos por *mara* y las emociones aflictivas, los *klesas*. Pero, sostienen que aun quedan dos demonios más que vencer: el del cuerpo, y el de la muerte. Estos, dicen que solo fueron vencidos en Kusinagar, con el fallecimiento del Buda. En aquél momento se supone que las dos fuerzas demoníacas del cuerpo y de la muerte fueron vencidas. Según esta escuela de principios filosóficos, cuando un ser como Buda Shakyamuni, alcanza el mahaparanirvana y muere, deja de existir, y no hay una posterior continuidad de la consciencia. Por lo tanto, según la escuela vaibhashika, después de este punto, el ser ya no existe, ya no hay más consciencia. Solo queda el nombre, sin embargo, creen que este ser que ahora ha desaparecido puede influir en el curso de aquellos que le veneran, debido a las virtudes que creó en el pasado.

Esta explicación no es aceptada por las escuelas superiores de principios filosóficos. Al contrario, estas escuelas creen que hay dos tipos de cuerpo, los que son puros por naturaleza y los que son impuros. Estos últimos son más burdos, mientras que el cuerpo que ha sido purificado es más sutil. Por ejemplo, cuando Buda Shakyamuni dejó su cuerpo, aún le quedaba el más sutil. Así, según estas escuelas de pensamiento, en la etapa de Budeidad, hay dos cuerpos: un cuerpo mental y otro físico. No sé si la palabra "cuerpo" aquí es la más apropiada. En sánscrito las palabras que se emplean para indicar estos dos cuerpos de Buda son *dharmakaya* y *rupakaya*. El primero tiene la naturaleza de la mente, mientras que el segundo es material. Cuando el Buda fallece aún le queda este cuerpo más sutil cuya naturaleza es mental, y puesto que la continuidad mental está también presente, podemos decir que la personalidad está allí. Incluso actualmente el Buda permanece como un ser viviente. Creo que esto es mejor, ¿no creéis? No me parece una perspectiva muy agradable el que los seres conscientes, en cierto momento, desaparezcan completamente.

Esta tercera categoría de sufrimiento es el cuerpo que actúa como base para todos los demás sufrimientos y, como hemos dicho, es transcendido en el Nirvana. Sin embargo, esto no significa que estos grandes seres dejan de existir, sino que su forma física impura y su consciencia burda y limitada son reemplazados por los dos cuerpos puros de un ser iluminado.

PREGUNTA: ¿Puede explicar los beneficios que conlleva la ordenación de monje frente a las personas laicas que practican el Dharma?

SU SANTIDAD: *El Sutra del Vinaya* expone que hay muchos niveles distintos de ordenación. Incluso el tomar los cinco votos *upasaka* se considera ordenación laica. Por supuesto, está la ordenación monacal. Incluso aunque nos encontremos comprometido antes y después de tomar la ordenación, en acciones virtuosas similares, cuando tomamos ciertos votos y los mantenemos, existe una gran diferencia en sus beneficios. Después de tomar los votos, no solo nos comprometemos con las acciones virtuosas, si no que al haber hecho la promesa, esto representa un compromiso adicional más intenso por nuestra parte. El tomar la ordenación significa tomar los votos, comprometerse con algo, y crear una cierta determinación. Con toda seguridad esto marcará una diferencia.

En lo que respecta a las diferencias entre la ordenación laica y la ordenación monacal, puesto que en el último caso implica el voto de celibato, significa que no se puede crear una familia. En último término, esto quiere decir que los monjes y las monjas tienen más libertad. Si alguien está casado, cualquier decisión importante no puede ser tomada individualmente, sin consultar con la esposa. Los monjes disponen de más independencia y por supuesto tienen más tiempo para seguir la práctica espiritual. También, aunque el deseo por el sexo opuesto no sea completamente extinguido por el simple hecho de tomar la ordenación, hay un cierto control o consciencia presente que sirve de gran ayuda. Esto marca la diferencia. Igualmente, en términos de posesiones, a un bhiksu, o un monje con la ordenación completa, por ejemplo, le es permitida la posesión de solo trece tipos de objetos, siendo estos objetos las únicas cosas que pueden considerarse propias. Se permite tener cualquier cosa adicional solo en dependencia de la motivación; "esto no me pertenece solo a mí sino también a todos los demás". Aunque en la práctica yo pueda utilizar algo que no esté incluido entre estos trece objetos y aunque de hecho me pertenezcan, debo mantener siempre una actitud mental de que es una cosa compartida.

Según el *Sutra del Vinaya* las únicas posesiones de los monjes son las tres piezas de ropa que utilizan (y que tienen que ser guardadas siempre por uno mismo) y estos trece objetos. Por supuesto esto es muy útil para controlar nuestro deseo, para controlar y debilitar el apego. Este es uno de los beneficios de ser ordenado monje. En el sutrayana y en los textos tántricos el mismo Buda habló de que los beneficios de una sola acción virtuosa varían, por ejemplo, según la persona que la lleva a cabo. Esto significa que la virtud se incrementa con el propio nivel de ordenación, de persona laica a monje novicio y así hasta la completa ordenación. La eficacia de la virtud realizada varía según las bases, según la persona que la realiza. Por estas razones es por las que Buda, hijo de un rey, sacrificó todo su reino para hacerse monje, practicó austeramente durante seis años; y luego bajo el árbol Bodhi alcanzó la Iluminación. Todos estos procesos los llevó a cabo para mostrar a sus seguidores el camino correcto hacia la Budeidad. Sin embargo, esto no quiere decir que para alcanzar la Budeidad haya que hacerse monje. No es este el caso. Sin ser monje también es posible lograr la completa Iluminación.

PREGUNTA: ¿Cómo difieren las ideas sobre la vacuidad en las distintas escuelas de budismo tibetano?

SU SANTIDAD: El budismo tibetano contiene las enseñanzas del theravada, el mahayana ordinario o sutrayana, y el mahayana especial o enseñanzas secretas del tantra. Por lo tanto es una forma completa de budismo. Ahora bien, la tradición tibetana, desde el punto de vista histórico, está dividida en la antigua escuela (nyigma) y la nueva escuela (Sarma). La segunda, a su vez incluye las tradiciones kagyu, sakya y kadam. Ésta última más tarde se convierte en la tradición guelugpa. Así pues, en general, hay cuatro escuelas, una antigua y tres nuevas, aunque por supuesto dentro de estas divisiones existen muchas subdivisiones.

Las cuatro escuelas enseñan una combinación de sutrayana y mantrayana. En relación con el mantrayana enseñan particularmente las clases de tantras de mahanutarayoga en combinación con las doctrinas ordinarias mahayana del sutrayana. En el idioma tibetano hay muchas palabras para designar la vacuidad, (Tib: *stong pa nyid*). Existe la palabra *nay lug* (lit. "la forma de ser de las cosas"), así como *day ko na nyi* (lit. ser o "realidad"). Según el sutrayana, en la mayoría de los casos esto se refiere a la vacuidad como objeto. Sin embargo, en el sistema mahanutarayoga tantra, la palabra *nay lug* se refiere principalmente al aspecto del sujeto, la experiencia de la vacuidad, la consciencia especial que comprende la realidad en el sistema tántrico, es decir, la luz clara. En realidad, la luz clara puede referirse a dos cosas, un objeto o un sujeto. La primera forma de luz clara es la vacuidad como objeto. La segunda es la consciencia que posee esta vacuidad como su objeto, la luz clara en si. Las palabras "luz clara" son utilizadas para referirse a estos dos aspectos y así pues, corresponden a las palabras "vacuidad" y "la forma de ser de las cosas" del sutrayana.

Ahora bien, por lo que se refiere a la practica en sí, cuando uno está sumergido en la contemplación de la luz clara, puesto que todas las apariencias dualistas desaparecen, es imposible distinguir el objeto, de la consciencia que lo percibe. Parece como si fueran una sola cosa, como el agua mezclada con agua. Por supuesto, hablando con precisión hay dos entidades, sujeto y objeto, pero en la experiencia de la luz clara esta dualidad desaparece.

En la práctica nyigma del dzogchen (La Gran Perfección) hay dos entidades llamadas *tegchö* y *tögel*. *Tegchö* se refiere a la práctica y contemplación de la realidad última y es el método para alcanzar el *Dharmakaya*, mientras que *tögel* lo es para alcanzar el *Rupakaya*. Así pues, la práctica de la luz clara, mencionada anteriormente está relacionada con la práctica *tegchö* de la tradición nyigma, dzogchen. En el dzogchen también se mencionan otros dos conceptos: la naturaleza (*ngo bo*), (la absoluta pureza (*kadag*) y la esencia (*rang bzhin*), (la espontaneidad (*lhundub*). *Kadag* se refiere a la vacuidad, mientras *lhundub* se refiere a la parte subjetiva de la luz clara. Esta es la base del samsara y de la Budeidad.

En relación con este tema, en la tradición kagyu tenemos el *Chagya chenpo* (El Gran Sello). En la escuela sakya tenemos conceptos tales como el *Khorde Yermey* (La indivisibilidad de samsara y Nirvana) y *Selton Zungjug* (La unión de la claridad y la vacuidad). En la tradición Guelugpa está *Deytong Yerma*, (La indivisibilidad del gozo y la vacuidad) y particularmente el tipo de *Deytong Yermey* llamado *Lhenkyey Kyi Detong Yermey* (La indivisibilidad del gozo espontáneo y la vacuidad) es análogo al anterior. Por lo tanto, desde este punto de vista, finalmente las cuatro escuelas tibetanas coinciden.

Sin embargo, hay una escuela de pensamiento llamada *Zhentong* (la vacuidad de todo lo demás), la cual parece diferir de las anteriores interpretaciones de la vacuidad. Según *Khyentse Rimpoché* hay dos tipos de *Zhentong*; uno es aceptable, el otro no lo es tanto. Antiguamente muchos eruditos budistas tibetanos refutaron muy seriamente el segundo tipo de *Zhentong*. En esta interpretación de la vacuidad, lo absoluto se consideraba vacío de todo fenómeno convencional y la misma verdad absoluta se convierte en absoluta, en lugar de una mera entidad que existe convencionalmente. Este punto de vista es incorrecto. Está en contradicción con las enseñanzas de Nagarjuna y contradice lo que el Buda enseñó en el segundo giro de la rueda, los sutras del *Prajñaparamita*. El propio Nagarjuna dijo que ningún fenómeno existe absolutamente, incluyendo la vacuidad. Incluso la verdad última no existe de manera absoluta. También dijo que todo fenómeno depende de otros factores y se originan de manera interdependiente. Por esto todo fenómeno posee la naturaleza de la vacuidad, y lo absoluto, la vacuidad misma, no es una excepción. El propio Buda explicó esto muy claramente en las enseñanzas acerca de las dieciséis, dieciocho o veinte diferentes formas de vacuidad, al incluir en esta lista "la vacuidad de la vacuidad" (tib: *stong pa nyid stong pa nyid*), y "la vacuidad de lo absoluto" (tib: *don dam pa stong pa nyid*).

PREGUNTA: ¿Existe alguna práctica concreta en el budismo tibetano que usted cree pueda ser complementaria, para alguien que es practicante del vipasana?

SU SANTIDAD: Me gustaría saber que quieres decir con la palabra vipasana.

PREGUNTA: Me refiero a la forma de meditación interna tal y como se practica en la tradición theravada.

SU SANTIDAD: Si, pero a que forma de vipasana theravada te refieres?

PREGUNTA: A la práctica de observación de la respiración, del cuerpo, de las sensaciones, etc.

SU SANTIDAD: Entonces, ¿no incluyes la práctica del no yo, del *anatman*?

PREGUNTA: Quizás no está específicamente incluida, pero surge como resultado.

SU SANTIDAD: Cuando te concentras en la respiración, procura fijar la atención en el pensamiento que está concentrado en la respiración. Esto puede servir para complementar la práctica. Mientras estés concentrado en la respiración, trata de analizar o investigar la naturaleza del pensamiento o mente que es consciente de la respiración. Intenta observar la clase de pensamientos que llegan. Finalmente, llegarás a conocer la naturaleza del pensamiento. Entonces, detén el recuerdo del pasado, también intenta interrumpir el pensamiento sobre el futuro. Sin pensamientos en el pasado ni en el futuro, solamente permanece en el presente, evitando cualquier pensamiento concreto. Entonces observa que es lo que ocurre, cual es tu experiencia. A veces esto es llamado no-pensamiento. Cuando se llega a una comprensión del pensamiento, entonces relájate de tal forma que la actividad del pensamiento llegue a disminuir. Creo que puede ser un complemento a vuestra práctica diaria. ¿Practicáis así?

PREGUNTA: Bueno, como parte de nuestra instrucción en el vipasana también se nos dijo cómo ser consciente de nuestros pensamientos. Entonces yo me preguntaba si habría alguna forma de repetir mantras que pudiera aumentar la práctica de vipasana.

SU SANTIDAD: Creo que el mantra de Manjushri, *om arapasana dhih*, o sencillamente *dhih*, puede ser de gran ayuda. Solo recitar repetidas veces la sílaba, *dhih* puede ser suficiente. También debéis investigar "¿a quién pertenece este pensamiento?" "¿Quién soy yo?". Si hacéis esto correctamente, veréis que no existe un yo independiente, os daréis cuenta de que existe una ausencia o vacuidad de dicho yo. Sin embargo, hay algún tipo de yo, hay un yo, hay un americano. ¿Eres americano?

PREGUNTA: Sí.

Su Santidad: Por lo tanto aún hay un americano que es imposible de encontrar. Este tipo de investigación es útil.

Pregunta: Su Santidad mencionó que deberíamos meditar en la naturaleza de la mente. ¿Podría dar unas instrucciones sobre la manera de hacerlo?

Su Santidad: Parte de la cuestión la he respondido anteriormente. Es necesario investigar o analizar el pensamiento. Específicamente cuando te vuelves agresivo o cuando surge un deseo fuerte, olvida el objeto contra el que te sientes furioso o que deseas, en su lugar investiga la naturaleza del propio deseo o agresividad. Algunas veces, cuando uno se siente muy cansado y cae abatido, sin casi poder moverse, parece que en tales momentos algunas personas son capaces de experimentar un nivel de consciencia en cierto modo más profundo. Del mismo modo, durante una enfermedad, cuando el propio cuerpo se vuelve muy débil, casi a punto de morir, entonces los niveles de consciencia más profundos y sutiles se vuelven más activos. En este momento, algunas personas viven experiencias extraordinarias. Estos momentos son oportunidades excelentes para analizar la naturaleza de la consciencia, o sus niveles profundos. Algunas personas, al acercarse la muerte, experimentan internamente ciertas formas de apariencias, blanquecinas, rojizas, oscuras, etc. Por lo tanto es una buena oportunidad para investigar.

Pregunta: Hemos oído que el próximo año Su Santidad dará la iniciación de Kalachakra en Bodh Gaya. ¿Cuáles son los prerrequisitos para asistir a esta iniciación, y cual es el significado especial de recibirla?

Su Santidad: Para recibir correctamente la Iniciación de Kalachakra, es necesario al menos tener alguna experiencia de la bodhichita y alguna comprensión de la vacuidad o luz clara. Sobre este punto, algunas veces me contradigo a mi mismo.

Hace unos días un amigo me preguntó esta cuestión: "Ya que Kalachakra es una de las enseñanzas más elevadas del tantrayana, no debe ser de mucha utilidad el recibirla sin los preparativos convenientes". En un principio me preguntó si estos prerrequisitos eran necesarios para llevar a cabo cualquiera de las elevadas practicas tántricas; le contesté que "si". Entonces su siguiente pregunta fue sobre Kalachakra y aquí es dónde me contradigo a mi mismo. En Kalachakra no existen muchas restricciones. Yo mismo no conozco la razón de ello. Para entrar en otros mandalas tales como el de Guhyasamaja, Heruka o Hevajra etc., existen muchas restricciones y dan a entender una relación muy limitada. Especialmente en la tradición sakya, la iniciación de Hevajra se puede dar sólo a veinticinco discípulos. A pesar de que en la actualidad hay gran número de discípulos, la iniciación se da solo a veinticinco de entre ellos. Por ejemplo, si hay cien personas, la iniciación debe repetirse cuatro veces. Creo que esta es una tradición muy buena. Sin embargo en relación con Kalachakra no existen restricciones. Como expliqué anteriormente, creo que el mandala de Kalachakra está relacionado con un reino, con la comunidad, con la sociedad.

Además, si bien no se conoce donde está Shambala, parece que existe. Aunque no pueda ser vista por la mayoría de la gente ni comunicarse con ella en estos momentos por medios normales, puede que después de algún tiempo sea posible el hacerlo. Según los textos, llegará un tiempo en que Shambala contactará con nuestro mundo. En resumen, el mandala de Kalachakra no es como los demás. Otras prácticas tántricas están relacionadas con el individuo, pero según parece, Kalachakra lo está con la comunidad, con la sociedad global. Tal vez ésta sea la razón por la que las restricciones se flexibilizan cuando un Lama otorga la iniciación de Kalachakra. Por lo tanto, hay un beneficio, incluso aunque el discípulo no esté totalmente preparado, de alguna forma se crea una conexión a través de la iniciación recibida. Más tarde cuando Shambala se interrelacione con la comunidad global, habrá quizás algún efecto positivo. Aunque yo mismo no tengo muy claro este punto, es sólo mi opinión.

PREGUNTA: Quiere explicar Su Santidad algo sobre los protectores en el budismo tibetano. No sé si debo considerarlos como seres conscientes, como símbolos, o como parte de mi consciencia y la de los demás. Si son dioses locales y divinidades del Tíbet que han sido sometidos, ¿cómo pueden afectar o beneficiar a un nivel universal?

SU SANTIDAD: Estoy de acuerdo en que esto es una fuente de confusión. Entre los tibetanos existe demasiado énfasis en los protectores. Como budista, el verdadero protector es uno mismo, ya que creemos en el karma, aquello que cosechamos es el resultado de nuestra propia acción, la verdadera protección es generar acciones positivas, una buena mente, una buena motivación. Este es el verdadero protector.

El sistema de los protectores en realidad procede del tantrayana. Ya que los protectores están conectados con el tantra, para comprometerse en las prácticas relacionadas con éstos, primero es necesario que el adepto tenga experiencia en la visualización. Una vez que se tiene cierta experiencia en el yoga de la deidad, se pueden visualizar protectores y darles el trabajo de apaciguar, o el de incrementar (larga vida, o riqueza, etc.) o el del poder, o la actividad colérica. Así sobre la base de la práctica del yoga de la divinidad, se les da instrucciones sobre lo que deben hacer.

Ahora bien, existen muchos tipos diferentes de protectores. Consideremos los diez reyes *coléricos (mahakrodharaja)*. Estos son protectores. Son la manifestación de los diez miembros de Buda. Además, en el *Abhidharmakosha* se describen diez formas distintas de mente. Por lo tanto, estos diez protectores pueden ser considerados manifestaciones de los diez tipos de mente del Buda. Ya que estas son las manifestaciones de un ser iluminado, deben ser considerados como supramundanos, fuera del samsara.

Existe otra categoría de protector, como Vaisravana (tib: *rNami thos srass*), el cual no es la manifestación de un Buda, pero sí de un Bodhisatva. Así que esta es una categoría de protector mundano y aun englobado en el samsara. Ahora bien, dentro de esta última categoría, hay algunos protectores, como los Cinco Cuerpos del Rey (tib: *rGyal po sku Inga*) que, aunque en samsara, no son exclusivamente protectores tibetanos; ya que actúan en reinos mucho más extensos, en un mundo mucho más grande. Todavía hay otra forma de protector mundano que se asocia a una gente o sitio en particular. Yo, por ejemplo, vengo de una región del Tíbet llamada Amdo. Allí, nuestro protector local es Machen Bomra. Esta es una deidad cuyas actividades están muy centradas en esta región particular.

En algunos casos, estas deidades influencian los acontecimientos en el mundo. Se ha dado incluso casos en los que han aparecido en las prisiones chinas después de la invasión. Esto es verdaderamente misterioso. He aquí una de esas historias extrañas. Recientemente, una tibetana de la región de Amdo volvió para visitar su lugar natal. Una vez allí, tuvo una visión de la deidad local y habló con ella. Durante su conversación, esta deidad le contó que había estado en una prisión en China, y que después había estado once años en la India conmigo. Sin embargo, nadie da a estas declaraciones mucha credibilidad.

Pero la historia sigue. En esta región, era costumbre de la gente local el ofrecer *tsampa* (harina de cebada tostada) y leche a la deidad, así como carne asada. Esto era tradición en la región. Sin embargo, parece que el protector mencionado y que por algún tiempo estuvo cerca del Dalai Lama y había recibido algunas enseñanzas, desde entonces no come carne. Pidió a la gente del lugar que le propiciaba que le ofrecieran carne, porque en esta ocasión, ya que se habían preocupado en preparársela, la aceptaría. Sin embargo, dejo bien claro, que en el futuro no debían ofrecerle carne nunca más.

Hasta ahora he dado la iniciación de Kalachakra en Bodh Gaya, Ladakh, Lahoul Spiti, Arunachal Pradesh, etc... En estas ocasiones visualizo los distintos protectores del pueblo tibetano, de todo el Tíbet como comunidad. Los visualizo como si estuvieran presentes. También le digo a aquellos que vienen de regiones como Ladakh y Arunachal Pradesh que, si siguen (haciendo rituales) sacrificando animales en sus rituales, para aplacar a las deidades locales deben suprimirlos. Les digo que esto es erróneo, que esta no es la forma budista de hacer ofrendas. Creo que este consejo ha podido tener algún efecto sobre los protectores que viven allí. En efecto, puede haber alguna conexión entre esto y la deidad que rechazó la carne.

Estas deidades o protectores son mundanos. Están en el samsara. También están localizados o asociados a lugares concretos. Estos protectores en particular no tienen ninguna conexión con Occidente. Sin embargo, Trungpa Rimpoché me dijo, que cerca del lugar donde vive hay muchos protectores americanos, deidades americanas. No obstante, como budista, quiero decir que no os debéis preocupar demasiado por estos protectores, ya que no es algo de gran relevancia. Lo que realmente debe importar en nuestras vidas son las Tres Joyas, el Buda, el Dharma y la Sangha. Ellos son nuestros protectores esenciales, nuestra aspiración principal, y en último término, nuestros amigos. Por encima de esto no hay necesidad de un protector. Por lo tanto, ¿para qué complicar las cosas?

PREGUNTA: Recientemente se ha vuelto bastante fácil para los extranjeros visitar el Tíbet. ¿Cree Su Santidad que es de alguna utilidad el propósito de los practicantes del Dharma occidentales de pasar algún tiempo en Tíbet?

SU SANTIDAD: Creo que merece la pena. Principalmente, os dará la oportunidad de ver lo que es Tíbet, pudiendo obtener así una experiencia de primera mano del país. Ya que tenéis cierto conocimiento de la situación tibetana y de nuestras tradiciones, el visitar Tíbet puede ser en realidad una experiencia muy valiosa y positiva.

Desde el punto de vista de los tibetanos, cualquiera que practique el budismo tibetano es considerado como un amigo. Así que, cuando alguien visita aquel lugar destrozado como amigo y expresa sentimientos cálidos y de solidaridad por esta gente desafortunada, esto les puede dar inspiración y valor.

Los chinos acostumbran a caracterizar la situación tibetana diciendo que en el Tíbet había cuatro cosas: (1) mucha crueldad, (2) mucho atraso, (3) mucha oscuridad, y (4) mucha barbarie. Sin embargo hace un tiempo, en una ceremonia oficial, dijeron que quizás la palabra "mucho", era extremadamente exagerada. Así que modificaron su posición. Ahora dicen que la situación en Tíbet fue "cruel" pero no "muy cruel", "oscura" pero no "muy oscura", etc. Puede que valga la pena que los budistas occidentales visiten el Tíbet demostrando así que la cultura tibetana tiene algo que ofrecer al mundo; en particular el budismo tibetano puede ser beneficioso para la comunidad mundial. Esto es de gran ayuda, no solamente para los tibetanos a quienes los chinos consideran "crueles", "atrasados", e "ignorantes", sino incluso para las civilizaciones occidentales a quienes consideraban reaccionarios, pero que sin embargo ahora los consideran como amigos.

A los chinos no les gusta vuestra ideología, ni vuestro sistema económico, ni vuestra política. Sin embargo, debido a vuestro progreso científico y tecnológico, tienen puesta su mirada en la sociedad occidental como modelo. Así que puede ser una buena lección, y quizás de gran ayuda para ellos ver que alguien de semejante sociedad ha encontrado algo útil en la cultura tibetana, por ejemplo, en la práctica del budismo tibetano.

Pregunta: ¿Cuáles son las circunstancias kármicas que se supone deben purificarse para que el problema de la pobreza, especialmente en las sociedades no industrializadas, se erradique?

Su Santidad: Por supuesto, como budistas, creemos que en cualquier situación existe en juego una fuerza externa y una fuerza interna. Tomemos, por ejemplo, la cuestión del éxito económico. Los tibetanos son refugiados en India y en otros países de todo el mundo. Ahora bien, no quiero negar con ello que existen varios miles de tibetanos cuyas condiciones de vida son muy pobres, que sufren grandes dificultades, y que es nuestra responsabilidad el ayudarles. Sin embargo, en conjunto, los tibetanos han tenido bastante éxito en el plano económico.

En Tíbet había muchas familias que por el hecho de ser clasificados como pertenecientes a la "clase alta", fueron torturados, golpeados, y sus propiedades incautadas. Pero a pesar del hecho de que les robaron todas sus propiedades, de alguna forma, aun tienen bastante éxito. Si tenían solo unas pocas vacas, estos animales podían proveerles con más y mejor leche. Cualesquiera que fueran las condiciones, se las arreglaban bastante bien, a pesar de la persecución. Por otra parte, algunas familias pobres, a pesar de que reciben grandes subsidios de los chinos, siguen siendo pobres. Esto significa que hay otros factores internos en función.

Es costumbre, el decir que alguien es "afortunado" o "desafortunado" cuando se encuentra con circunstancias afortunadas o desafortunadas respectivamente. Sin embargo es demasiado simplista pensar en términos de "suerte", de azar. Incluso desde el punto de vista científico, esta no es una teoría satisfactoria. Si ocurre algo desafortunado pensamos inmediatamente, "Oh, que mala suerte". Sin embargo, esto no es suficiente para justificar lo ocurrido ya que tiene que haber una causa. Del mismo modo, cuando pensamos que la gente con éxito tiene mucha suerte, estamos pasando por alto el hecho de que esto también tiene una causa. Parece que llamamos "suerte" a aquel factor que no tiene en cuenta las condiciones externas que acarrean una situación positiva. Pero esto también es una causa, una causa interna, que llamamos "mérito".

Por ejemplo, los cambios climáticos y desastres naturales, están sin duda alguna relacionados con las fuerzas kármicas de la gente del lugar a que afecta. Existen cuatro elementos externos:

(1) tierra, (2) fuego, (3) agua o líquido y (4) aire o energía. También existen cuatro elementos internos relacionados con la cólera, deseo e ignorancia. Aunque no exista una conexión directa, no obstante, indirectamente, la conducta del individuo está de algún modo conectada con el cambio del medio ambiente o condiciones externas. Entonces, resumiendo, cualquier serie de circunstancias están caracterizadas por dos series de factores, externo e interno. Para cambiar una situación concreta tienen que producirse los dos cambios, interno y externo.

PREGUNTA: ¿Cuál cree que es la razón por la que existe tan poca información sobre el Tíbet a pesar de la ocupación y atrocidades cometidas allí por los chinos?, Y asimismo, ¿qué papel jugó Tíbet durante la segunda Guerra Mundial?

SU SANTIDAD: Respondiendo a la primera pregunta, a pesar de nuestros esfuerzos limitados, la información sobre la situación Tibetana nunca ha llegado al gran público. Afortunadamente, los chinos han abierto nuestro país, así que ahora los periodistas extranjeros y los turistas pueden visitar Tíbet. A pesar de que solo se les permite estar poco tiempo, sus itinerarios son pre-establecidos, y de que los guías son chinos, no obstante parece que muchos se pueden hacer una idea de cual es la verdadera situación en el país. Como resultado de todo esto, actualmente se está difundiendo algo más de información, aunque el estatus quo es aún insuficiente.

En los años 1959 y 1960, hicimos un llamamiento a las Naciones Unidas, como resultado se aprobaron tres resoluciones sobre la cuestión tibetana. Sin embargo, a escala mundial, tiene que ver más con su postura anti china o anticomunista que con un deseo sincero de ayudar a los tibetanos. Al principio los Estados Unidos y los países europeos fueron pro Tíbet, mientras que la Unión Soviética y los países del bloque Este se oponían. Estos últimos consideraban la cuestión de la independencia tibetana como algo inventado por unos pocos reaccionarios.

Sin embargo en la década de los setenta, las cosas cambiaron. Los americanos, a quienes los chinos consideraban su enemigo número uno, ahora se habían convertido en amigos; mientras que los soviéticos, a quienes habían considerado como sus mejores amigos, se volvían ahora sus enemigos. En poco tiempo se invirtieron las alianzas. Esto pareció actuar como un factor que cambió en algunos países las perspectivas sobre la cuestión tibetana. Mientras pasaba el tiempo, la actitud de los soviéticos hacia el problema tibetano empezó a cambiar. En sus documentos oficiales hoy, por ejemplo, el levantamiento del 1959 contra los chinos en el Tíbet es designado como "movimiento del pueblo para la libertad".

Actualmente, a medida que pasa el tiempo, existe un interés más amplio por el budismo tibetano, las ciencias médicas y la cultura del pueblo tibetano. Esto, añadido, al hecho de que las reivindicaciones de los tibetanos son justas, ha llevado a un conocimiento más general sobre Tíbet y el destino de su pueblo. No obstante, es necesario dar más información a la gente sobre la verdad de nuestra situación. Si los chinos han hecho algo para ayudar al pueblo tibetano, entonces semejante información debe ser divulgada. En cambio, si han cometido errores, entonces tiene que ser una información accesible a todo el mundo.

La condición humana es de una naturaleza en la que el pequeño y débil siempre sufre en manos del más fuerte y poderoso; los pequeños países son dominados en provecho de los más fuertes. Este ha sido también el destino del Tíbet. Sin embargo, moralmente hablando, no es correcto tener una actitud indiferente, y ser apático sobre estas cuestiones.

En relación con tu segunda pregunta, concerniente al papel de Tíbet durante la segunda Guerra Mundial. Durante aquel tiempo yo era aún un niño y la mayor parte del tiempo la dedicaba a mis estudios y a aprender de memoria los difíciles textos. La gente con autoridad en el gobierno tibetano se encontraba involucrada en sus propios y pequeños asuntos, sus absurdos pequeños negocios. Así que, en general, ignoraban totalmente la situación mundial. Durante aquella época, de alguna forma, el gobierno tibetano expresó su posición de neutralidad. Os voy a dar un ejemplo de esto. Los japoneses, en un momento dado, durante la guerra y después de la ocupación de Birmania, empezaron su avance hacia la India, concretamente hacia la frontera con Assam. A la vez que amenazaban al continente chino desde Manchuria. Entonces, los aliados tuvieron la idea de hacer una ruta desde Assam a la provincia china de Yunnan. Por supuesto, ésta ruta tenia que atravesar Tíbet, así que se dirigieron al gobierno tibetano con el propósito de obtener permiso para la construcción de esta ruta. Sin embargo, el gobierno tibetano denegó esta petición basando su decisión en la postura de que Tíbet era un país neutral. Sin embargo, al terminar la guerra, los tibetanos enviaron una delegación para ofrecer sus respetos a los aliados. Así que queda por ver en realidad cuan estricta fue nuestra neutralidad. De cualquier forma todo esto es historia pasada.

Creo que este año va a aparecer un libro muy bien documentado acerca del estatus legal de Tíbet. Este libro será de una gran utilidad para aquellos que estén interesados en el estudio de este tipo de cuestiones, aportando más conocimiento sobre el Tíbet y su historia, dando sucesivamente un apoyo mas evidente a nuestras reivindicaciones.

PREGUNTA: Durante estos tres últimos años, desde la desaparición del Gyalwa Karmapa, ha habido muchas discrepancias entre los miembros de la escuela kagyu sobre quien es el cabeza de los kagyupas. Todo esto ha causado un gran conflicto, incluso en occidente, en India han aparecido muchos sentimientos negativos debido a esto. Tradicionalmente, parece que no existían tal tipo de cosas, como por ejemplo, el cabeza del linaje kagyu, ya que cada subescuela dentro de los kagyu tiene su propio representante. ¿Puede Su Santidad aclarar si existe tal liderazgo en el linaje kagyu y dar algún consejo para que pueda terminar esta problemática?

Su Santidad: Tal como has dicho, en Tíbet no había una persona, o un solo individuo, que fuera el cabeza de toda la escuela kagyu. Dentro de la escuela kagyu existían distintas ramificaciones. Sin embargo, actualmente unas cuantas de ellas son dominantes en términos del número de seguidores. No obstante, subescuelas como la shangpa kagyu, drukpa kagyu, drikung kagyu, kamzang kagyu y tagru kagyu, tienen muchos seguidores, mientras otras subescuelas tienen muy pocos. En Tíbet se dio el caso de que cada monasterio tenia su propio abad. Cuando alguien era elegido de forma unánime como el "cabeza de la escuela", no se debía a que tuviera algún estatus especial, sino al conocimiento y práctica del propio Lama. Algunas veces se dio el caso de que el abad de una pequeña institución llegaba a ser la cabeza de la escuela. Por ejemplo, tomemos el caso de Dudjom Rimpoché. Desde el punto de vista de estatus, era un lama menor, incluso no tenía un gran monasterio. Pero debido a su práctica, conocimiento y dedicación al Dharma, en India es considerado el cabeza de los nyigma. Desde el punto de vista de estatus, en la tradición nyigma, Mingling Trichen Rimpoché es el lama más elevado. También hay muchos altos Lamas de la región de Kham en Tíbet. A pesar de todo esto, un lama menor se convirtió en el cabeza de la escuela nyigma debido a su conocimiento y talento personal.

Cuando llegamos a India como refugiados, para facilitar la integración entre los distintos monasterios y escuelas, nombramos algunos Lamas como las cabezas de cada una de ellas. En la escuela guelugpa es tradición el que Ganden Tri Rimpoché actúe como el cabeza. Fue una elección unánime de todos los miembros guelugpa el mantener esta tradición. Igualmente, en la escuela sakya, Sakya Trizin Rimpoché es aceptado como su cabeza sin demasiada discusión. En este último caso, el liderazgo es compartido entre dos familias, *ladrang*, alternando en la posesión del trono de una generación a otra. De vez en cuando puede que haya algún problema, aunque no es el caso general. Actualmente, la situación es muy buena. El actual Sakya Trizin es una persona muy amable, un gran Lama de mente muy abierta. Las relaciones entre su familia y la de Phuntsok Potrang Thugsey, el cual vive en los Estados Unidos, son muy estrechas. No hay problemas, ya que existe un respeto mutuo. En lo que concierne a la tradición nyigma, como he dicho, Dudjom Rimpoché es aceptado como el principal dirigente. Aquí tampoco existe ningún problema. Entre los kagyu, en aquellos tiempos, Drukchen Rimpoché aun no había nacido. Aun no se encontraba en el vientre de su madre. Drikung Rimpoché estaba en Lhasa encarcelado por los chinos y condenado a trabajos forzados (como resultado, su cuerpo es muy fuerte). Así que estos dos estaban ausentes. El cabeza de Taglung kagyu se encontraba en una prisión cerca de Lhasa. Por lo tanto, ya que el Karmapa Rimpoché era el único presente y con la edad indicada, y también porque era muy conocido en aquel tiempo, fue designado como el más alto dirigente de esta escuela.

Desde entonces, cada una de estas escuelas se estabilizaron bastante bien. Sin embargo, desde que el Karmapa Rimpoché murió, ha habido muchas habladurías y chismorreos basados en malentendidos. Sin conocer la verdadera situación, quizás influenciados por prejuicios y debilidades humanas, han sido propagados rumores y chismorreos, creando aun más confusión. Esto es algo muy inoportuno. Sin embargo creo que a medida que pasa el tiempo, al menos entre los tibetanos, todo esto está calmándose. Por lo tanto, ya que este asunto es muy delicado, hemos pedido a los distintos dirigentes de la tradición kagyu que lleguen a un acuerdo, planteando algún tipo de solución. Por el momento así es como se encuentra la situación. Mientras tanto, es muy triste ver que suceden este tipo de críticas mutuas.

PREGUNTA: Durante su último viaje a los Estados Unidos tuvo algún contacto con los indios americanos, incluso participó en una ceremonia de fuego. Yo me pregunté si ve alguna conexión kármica entre la situación de los indios y la de los tibetanos.

Su Santidad: Aunque tengo algunos amigos indios, en realidad, nunca he participado en ninguna ceremonia de fuego. La siguiente es una cuestión interesante. Cuando se hace alguna comparación entre los indios americanos y los tibetanos, creo que existen similitudes, pero también muchas diferencias. Creo que existen algunas diferencias entre la invasión de los blancos que arrasaron a los indios, y la invasión china a la que nos enfrentamos nosotros. Desde un punto de vista, este no es de mi incumbencia, en lo que a mi se refiere, no tengo nada que decir. No obstante, creo que lo mejor para los indios americanos es hacer lo que muchos de ellos ya han hecho; convivir pacífica y amistosamente con los blancos americanos, ya que la moderna nación americana es multiracial, multicultural y multireligiosa. Cuando los chinos y los rusos criticaban el sistema americano posiblemente tenían algún fundamento válido. Pero cualquiera que sea el caso, los americanos gozan de una completa libertad. En su mayoría los americanos son gente agradable, como en cada comunidad, también hay gente mala, pero en general es buena gente. Por lo tanto, desde mi punto de vista, me parece que la mejor política que pueden adoptar los indios es la reconciliación, aprender a convivir juntos.

Ahora permitámonos considerar el caso tibetano. El otro día en unas enseñanzas públicas mencioné que en Lhasa hay un pilar construido hace mil años por un rey tibetano en el que está inscrito que los chinos son más felices en China y que los tibetanos lo son en el Tíbet. A los chinos les gusta mucho el arroz y los mariscos, algo muy difícil de conseguir en el Tíbet. Así que es mucho mejor para ellos que se queden en China. Los tibetanos preferimos *tsampa* (harina de cebada tostada) algo que no podemos conseguir en China. Por lo tanto y naturalmente, nos sentimos mucho más en nuestra propia casa en el Tíbet.

Pregunta: Quiere dar Su Santidad algún consejo sobre cómo empezar un centro budista en Bodh Gaya que pueda ser de beneficio para los occidentales y el pueblo indio.

SU SANTIDAD: Esta es una idea muy buena, sin embargo no tengo ninguna sugerencia sobre como llevarla a cabo. Por supuesto, como cada noble tarea, la motivación debe ser clara y sincera. Esto es lo más importante. Si tenéis esto presente, con una determinación estable y sensata puede ser posible lograrlo, a pesar de los contratiempos.

Para los budistas, este lugar es quizás el más sagrado que existe. Sin embargo, también digo que es uno de los lugares más sucios. Por lo tanto, desafortunadamente, no es nada agradable de visitar. Por la importancia de este lugar, he decidido venir cada año. Aunque antes de venir me resigno a sacrificar mi nariz. Cada vez que visito Bodh Gaya, está casi garantizado que cogeré la gripe. De todas formas esto prueba que Bodh Gaya es un lugar muy activo e importante.

La Enseñanza de Buda/Gonsar Rimpoché

Es una presentación de la primera enseñanza que dio Buda Shakyamuni tras su Iluminación, hace más de 2.500 años: las Cuatro Nobles Verdades.

Joyas del budismo/Gueshe Tamding Gyatso

Es un conjunto de cuatro comentarios de importantes textos budistas cuya comprensión proporcionará al estudiante la visión correcta del verdadero camino mostrado por Buda.

Senda de Luz/Gueshe Tamding Gyatso

Las Etapas del Camino (*Lam Rim*) son la esencia de todas las enseñanzas del Buda. La presentación original fue compuesta en el siglo once por el gran Maestro budista, Atisha, que de manera fácil de entender y poner en práctica, reunió hábil mente todas las enseñanzas del Buda. *Senda de Luz* es uno de los comentarios más claros y extensos del *Lam Rim* disponibles en castellano.

El Arte de Meditar/Isidro Gordi

Presenta el budismo tibetano desde la óptica de un practicante español. Se trata de un texto ameno, sencillo y fácil de leer, ideal como puente entre la enseñanza tradicional de los Lamas y las expectativas de un buscador espiritual inmerso en una sociedad como la nuestra

Destellos de Sabiduría. Texto Raíz/Isidro Gordi

Es la primera traducción basada en fuentes originales de una de las joyas del pensamiento de la humanidad, el *Bodhicharyavatara* o *Guía a la forma de vida del Bodhisatva*.

La Dama del Espacio/Gueshe Tamding Gyatso

Se trata del primer comentario transmitido y recopilado íntegramente en España de uno de los Tantras más profundos y secretos del budismo tibetano. Su autor, Gueshe Tamding Gyatso, desarrolla sabiamente todas las etapas del camino para llegar a la Iluminación en un espacio de vida.

Visión de una Nueva Consciencia/El Dalai Lama

Este es un texto breve pero completo de la doctrina del budismo tal y como se ha estudiado y practicado en el Tíbet durante cientos de años.

Tesoros de la Meditación 1 (*Bodhicharyavatara*)/Gueshe Tamding Gyatso

Es junto a los dos que seguirán a continuación, un libro que recoge el primer comentario oral impartido en suelo español por un gran Maestro tibetano, Gueshe Tamding, sobre el texto más famoso del canon budista mahayana: el *Bodhicharyavatara* o *Guía a la forma de vida del Bodhisatva.*

La Energía Femenina del tantra/ Gonsar Rimpoché

La Energía Femenina del tantra. Madre Tara, es un breve aunque profundo comentario que se puede dividir en do partes es un. La primera nos da una idea de las características particulares del tantra, su función específica y también de la importancia de abordar su práctica teniendo una idea muy clara de lo que es y de lo que no es un sendero espiritual auténtico. La segunda parte presenta la función de las Deidades en general y en particular de Tara, la personificación de la energía que nos proporciona todo aquello que anhelamos y nos protege de nuestro temores.

Esencia del budismo/Dagyab Rimpoché. Su Eminencia Dagyab Rimpoché es uno de los más respetados Maestros de nuestro tiempo. En este libro presenta de una manera nada académica algunos de los aspectos más profundos del budismo y la meditación con un estilo claro y conciso que llega de manera muy directa al lector

Muerte y Reencarnación/ Gueshe Tamding Gyatso. Recopilación de una serie de enseñanzas orales en las que Gueshe Tamding presenta de manera concisa la esencia del budismo, una profunda explicación sobre el proceso de la muerte, el bardo y el renacimiento así como la práctica de la Deidad Chenrezig, manifestación de la compasión de todos los Seres Iluminados.

Karma y Renacimiento/ Gueshe Tamding Gyatso. Texto claro y conciso sobre una serie de pruebas lógicas que avalan la existencia de la reencarnación o continuidad de la consciencia vida tras vida.

Fundamentos del tantra/ Lama Tsongkhapa y Pabongka Rimpoché. Comentario de Pabongka Rimpoché a la versión más breve del Lam Rim compuesta por Lama Tsongkhapa, *La Fuente de toda mi Excelencia*. Este tratado –que inaugura la colección, *Clásicos del Tíbet*– es una traducción del tibetano al inglés y al castellano de una escritura clásica usada por muchos Lamas contemporáneos para impartir sus enseñanzas en occidente.